Viagem

Graciliano Ramos

Viagem

(Checoslováquia — URSS)

(Obra póstuma)

Capa de Cândido Portinari

1ª edição ilustrada

José Olympio

Rio de Janeiro, 2022

Copyright © by herdeiros de Graciliano Ramos

1ª edição, Livraria José Olympio Editora, 1954
1ª edição, Grupo Editorial Record, 2022

Imagem de capa: Cândido Portinari, "Avião", 1954.
Direito de reprodução gentilmente cedido por João Candido Portinari

Composição de capa e tratamento de imagens: Flex Estudio

Este livro foi revisado segundo o Novo Acordo da Língua Portuguesa.

Todos os direitos reservados. Proibida a reprodução, o armazenamento ou a transmissão de partes deste livro, através de quaisquer meios, sem prévia autorização por escrito.

Reservam-se os direitos desta edição à
EDITORA JOSÉ OLYMPIO LTDA.
Rua Argentina, 171 – 3º andar – São Cristóvão
20921-380 – Rio de Janeiro, RJ
Tel.: (21) 2585-2000.

Seja um leitor preferencial Record.
Cadastre-se em www.record.com.br
e receba informações sobre nossos lançamentos e promoções.

Atendimento e venda direta ao leitor
sac@record.com.br

ISBN 978-65-5847-055-7

Impresso no Brasil
2022

CIP-BRASIL. CATALOGAÇÃO NA PUBLICAÇÃO
SINDICATO NACIONAL DOS EDITORES DE LIVROS, RJ

R143v

Ramos, Graciliano, 1892-1953
  Viagem : Checoslováquia – URSS / Graciliano Ramos ; capa de Cândido Portinari. – 1ª ed. – Rio de Janeiro : José Olympio, 2022.
  il.

Obra póstuma
ISBN 978-65-5847-055-7

1. Ficção brasileira. 2. Crônicas brasileiras. 3. Literatura brasileira. I. Portinari Cândido. II. Título.

21-74544

CDD: 869
CDU: 821.134.3(81)

Camila Donis Hartmann – Bibliotecária – CRB-7/6472

Sumário

Nota da editora 7

Capítulo 1 9
Capítulo 2 15
Capítulo 3 19
Capítulo 4 25
Capítulo 5 29
Capítulo 6 33
Capítulo 7 37
Capítulo 8 41
Capítulo 9 47
Capítulo 10 53
Capítulo 11 57
Capítulo 12 61
Capítulo 13 65
Capítulo 14 71
Capítulo 15 77
Capítulo 16 83
Capítulo 17 87
Capítulo 18 91
Capítulo 19 97

Capítulo 20	101
Capítulo 21	107
Capítulo 22	113
Capítulo 23	117
Capítulo 24	121
Capítulo 25	125
Capítulo 26	129
Capítulo 27	133
Capítulo 28	137
Capítulo 29	143
Capítulo 30	147
Capítulo 31	153
Capítulo 32	159
Capítulo 33	163
Capítulo 34	169
Notas	173

Nota da editora

Trazemos a público o último livro de Graciliano Ramos. Iniciado pouco antes de sua morte, foi interrompido quando restavam alguns capítulos em esboço. Entretanto, o Autor tomara, na URSS e na Checoslováquia, sob a forma de diário, notas pormenorizadas do roteiro de sua viagem. Tais notas são dadas aqui como um complemento natural da parte realizada e formam, com esta, um todo homogêneo que nos revela uma face nova do escritor.

Como Memórias do cárcere, este livro aparece em publicação póstuma, respeitados integralmente o estilo e o pensamento do Autor.

Rio de Janeiro, setembro de 1954.

1

(Cannes – 31 – Maio – 1952)

Em abril de 1952 embrenhei-me numa aventura singular: fui a Moscou e a outros lugares medonhos situados além da cortina de ferro exposta com vigor pela civilização cristã e ocidental. Nunca imaginei que tal coisa pudesse acontecer a um homem sedentário, resignado ao ônibus e ao bonde quando o movimento era indispensável. Absurda semelhante viagem — e quando me trataram dela, quase me zanguei. Faltavam-me recursos para realizá--la; a experiência me afirmava que não me deixariam sair do Brasil; e, para falar com franqueza, não me sentia disposto a mexer-me, abandonar a toca onde vivo. Recusei, pois, o convite, divagação insensata, julguei. Tudo aquilo era impossível. Mas uma série de acasos transformou a impossibilidade em dificuldade; esta se aplainou sem que eu tivesse feito o mínimo esforço, e achei-me em condições de percorrer terras estranhas, as malas arrumadas, os papéis em ordem, com todos os selos e carimbos.

Depois de andar por cima de vários estados do meu país, tinha-me resolvido a não entrar em aviões: a morte horrível de um amigo levara-me a odiar esses aparelhos assassinos. Meses atrás, para ir a um congresso em Porto Alegre, rolara nove dias em automóvel. Tenho horror às casas desconhecidas. E falo pessimamente duas línguas estrangeiras. Estava decidido a não viajar; e, em consequência da firme decisão, encontrei-me um dia metido na encrenca voadora, o cinto amarrado, os cigarros inúteis, em obediência ao letreiro exigente aceso à porta da cabina.

Andei como um gafanhoto, a dar saltos consideráveis por este mundo, sempre dizendo a mim mesmo que não me arriscaria a nova empresa. Um pulo sobre o Atlântico, pedaços da África, a Europa, a Ásia. O Báltico e o mar Negro. O Cáucaso e a planície pantanosa que vai de Moscou a Leningrado. Repouso de alguns dias, outra vez a corrida louca pelos ares. Em terra, a convivência obrigatória com pessoas de raças diferentes da minha, de hábitos diferentes dos meus, e a necessidade forte de entendê-las, às vezes recorrendo a três intérpretes. Na passagem de uma língua para outra, o pensamento se modificava — e era-me preciso examinar as fisionomias, buscar saber o que se encerrava em almas exóticas. A palavra não raro nos enganava, e um gesto, um olhar, um sorriso, de repente nos surgiam como clarão na sombra. O discurso pausado e conveniente, a amabilidade hospitaleira dos banquetes, a informação precisa e a estatística podem passar por nós sem deixar mossa. Não conseguiremos, porém, esquecer o transeunte disposto a ser-nos útil de qualquer modo, a criança gulosa de beijos num jardim de infância, o camponês curioso do Brasil, a polícia que, em vez de nos levar para a cadeia, como é natural, tenta auxiliar-nos se cometemos uma infração inadvertidamente.

Após tantos abalos, a andar para um lado e para outro como barata doida, necessitamos espalhar as nossas recordações, livrar-nos de um peso, voltar enfim à normalidade. E procuramos lançar no papel cenas, fatos, indivíduos, articular notas colhidas à pressa, num mês, tornar o sonho realidade. Realmente aquilo tinha jeito de sonho: as figuras passavam rápidas, em debandada, e era difícil fixar algumas. Como poderei movê-las, dar-lhes vida? Arrisco-me, entretanto, a escrever isto. Ninguém me encomendou a tarefa. Os homens com quem me entendi apenas revelaram o desejo de que as minhas observações ali fossem narradas honestamente, em conversas. Infelizmente não sei conversar, e na verdade observei pouco, em tempo escasso. Guardo impressões, algumas nítidas, que pretendo juntar, fazendo o possível para não cair em exageros. O que me obrigou a iniciar este livro foram as despedidas singulares de Kamchugov, antigo operário da usina Kirov, em Leningrado, e do ótimo Leonidze, presidente da União dos Escritores Georgianos. Essas duas criaturas, de meios diversos e naturezas diversas, mostraram depositar em mim uma confiança que muito me sensibilizou. E há também a moça da rua Petrowka, as linhas escritas por Neberidze Tamara, a alegria ruidosa de Keto, Assia, Liúba e Nadiajda, no Teatro Paliachvili, em Tbilissi. Esses viventes entraram-me na alma, e necessito apresentá-los, embora tenham sido uma visão ligeira. Outros relacionaram-se comigo, quiseram entender-me, fazer-se entender. Mostraram-me o que me interessava — museus, institutos, igrejas, escolas, fábricas, armazéns, a cultura da terra e a cultura dos espíritos. Fui impertinente com frequência, exigi motivos com minúcia, e não percebi um sinal de enfado, nenhuma das minhas perguntas ficou sem resposta. Se não investiguei mais, foi porque, ao fim de longas visitas, passeios intermináveis, a fadiga me deixou arrasado. Para conhecermos uma estação de repouso, um sanatório, uma plantação de tabaco, dias e noites a rodar em automóveis, em ônibus, em magníficos vagões enormes.

Seria estúpido afirmar que a minha presença houvesse determinado a singular condescendência. Havia em Moscou delegações de sessenta países. A da China tinha duzentos e vinte membros. A brasileira, de trinta e poucos, dividiu-se em dois grupos, e com a nossa, de dezoito pessoas, trabalharam de rijo seis intérpretes. Não estávamos em relação com os representantes de outros lugares; percebíamos somente, em salas e corredores de hotéis, a grulhada expansiva dos italianos, roupas exóticas da Índia, filas mongólicas pausadas e silenciosas. As amabilidades excessivas, os gastos enormes, a paciência constante, que nos perturbava, foram dispensados, portanto, a dúzia e meia de indivíduos. Um guia solícito para três visitantes, com franqueza, é muito. Quatro homens e duas mulheres entregues à ocupação mortificadora, absorvente, a acordar cedo, a recolher-se tarde, resistentes ao sono.

A extrema dedicação abriu-me portas que, entre nós, tipos bem-intencionados, obedientes ao jornal e ao sermão, consideram de ferro. Sinto-me no dever de narrar a possíveis leitores o que vi além dessas portas, sem pretender de nenhum modo cantar loas ao governo soviético. Pretendo ser objetivo, não derramar-me em elogios, não insinuar que, em trinta e cinco anos, a revolução de outubro haja criado um paraíso, com as melhores navalhas de barba, as melhores fechaduras e o melhor mata-borrão. Essas miudezas orientais são talvez inferiores às ocidentais e cristãs. Não me causaram nenhum transtorno, e, se as menciono, é que tenho o intuito de não revelar-me parcial em demasia. Vi efetivamente o grande país com bons olhos. Se assim não fosse, como poderia senti-lo?

Desejaria poder fazer o mesmo com todas as terras por onde passei. Estive em Paris duas vezes; e enquanto lá vivi, habituei-me a extensas caminhadas no cais, nas avenidas e nas ruelas, como um basbaque, interrogando sem cerimônia a gente da rua:

— Que árvore é aquela?

O carregador suspendia o trabalho e informava sorrindo, bonachão:

— Mas é um castanheiro, senhor.

— Qual é o caminho para a praça Vendôme?

— Muito longe. Tome um táxi.

Exatamente o que eu não queria: precisava ter noção da cidade andando a pé, vagaroso, examinando as caixas dos alfarrabistas, estátuas de heróis, frontarias de monumentos. O educado transeunte perdia alguns minutos dando-me a indicação necessária. Depois de experiências largas, presumo conhecer ao menos a delicadeza do parisiense. E conheço igualmente o Arco do Triunfo, o Obelisco, Notre-Dame, a Madeleine, a Ópera. Mas ignoro o que existe além dessa delicadeza; ignoro o que existe no interior das igrejas, nos bastidores do teatro; ignoro como o arco foi feito, quanto custou, e resta-me do obelisco um vago conhecimento apanhado na história antiga. Não me seria possível rabiscar uma página sobre todas as grandezas vistas de fora. A União Soviética é para mim completamente diversa. Alguns amigos, desconhecidos há pouco tempo, quiseram expor-me o trabalho intenso, a vida intensa que há na terra fria de alma ardente.

(Cannes – 2 – Junho – 1952)

2

(Cannes – 2 – Junho – 1952)

PROPRIAMENTE, a viagem começou em Praga — e foi uma decepção. Cheguei às quatro horas da tarde, cego, mudo, sem dinheiro. Havia algumas notas na carteira, mas eram do Brasil e da França, mais ou menos inúteis; não me seria possível dizer uma palavra na língua da terra; e, para integral caiporismo, o diabo zombara de mim na véspera quebrando-me os óculos, em Paris: tinha sido uma dificuldade pagar a conta do hotel.

Ninguém para receber-me; em redor, caras indiferentes. Arriei num banco, a vista presa nos letreiros que havia nas paredes do aeródromo. Os mais vultosos eram perceptíveis aos meus desgraçados olhos, mas que significariam? Imaginei-me vítima de um logro: supus o convite inexistente e condenei-me por ter sido ingênuo: arrojara-me estupidamente à empresa insensata — e ali estava em profundo abatimento, sem saber para onde ir. Minha mulher, ao lado, achava tudo muito natural: o desarranjo estava previsto e numa hora as coisas se arrumariam da melhor forma. O descabido otimismo irritava-me; em voz baixa, expandia-me em duros impropérios.

A sala pouco a pouco se esvaziava. Fui o último dos passageiros chamados, e na apresentação do passaporte um funcionário se revelou exigente e ranzinza: faltava uma formalidade. Exibi um pedaço de papel: o homem tomou novo aspecto, quis saber se me dirigia a Moscou. A resposta afirmativa originou o aparecimento de um sujeito magro que falava francês. Em seguida veio outro, que me surgiu mais tarde com o nome de Ivan Riabov e era representante da Voks em Praga. A Voks, abreviatura, significa *Sociedade para as relações culturais da URSS com os países estrangeiros*. Riabov exprime-se em russo; fora daí não diz nada.

— Pertence a alguma associação de classe? — perguntou-me pela boca do sujeito magro.

— Coisa nenhuma — declarei atarantado.

Minha mulher lembrou que eu era presidente da Associação Brasileira de Escritores — e este exíguo título produziu bom efeito. Tinha-me esquecido inteiramente dele, e não me passava a ideia de que servisse para alguma coisa: o essencial era haver alguém a esperar-me na cidade, afirmei. Os dois homens afastaram-se, regressaram modificados, chamaram-me ao telefone. Conversa rápida, explicações, um telegrama não recebido. Agora me achava mais ou menos tranquilo: as apoquentações da chegada evaporavam-se.

— O senhor pode esperar dez minutos ou quer seguir logo? — inquiriu o indivíduo magro.

— Espero. Não há pressa.

Um ônibus partiu conduzindo os passageiros do avião de Bruxelas. Sentei-me à porta. A tarde se alargava sobre as árvores de folhagem nova que principiavam a florir. E a noite não vinha. Na latitude elevada estendia-se uma luz triste e imóvel. Procurei um relógio, mas não seria possível ver as horas. Tive a impressão de que os ponteiros e o sol estavam parados.

Examinada a bagagem, trouxeram-me um automóvel. Os dois homens se despediram e dirigi-me à cidade em companhia de um rapaz silencioso, que nos deixou no hotel Alcron, onde estavam alojados vários brasileiros: Jorge Amado, Chermont, Rui, Costa Neto, alguns operários, entre eles Augusto, meu hóspede no Rio. Entrara-me em casa anos atrás, sem dar o nome, ficara uma semana, pesado, macambúzio, o olho duro, uma ruga na testa. Sumira-se, reaparecera com frequência. Não se metia nas conversas, parecia um roceiro tosco, isento de opiniões. Uma noite em que minhas filhas se atarefavam no inglês e no francês para exames no dia seguinte, o homem soturno mexera-se, elevando um pouco a voz grossa, baixa, sacudida: "Posso ajudar vocês?" A áspera amabilidade me surpreendera. No salão do Alcron, bebendo com Jorge Amado cálices de ótima aguardente de ameixa, notei que Augusto se fazia entender com facilidade em russo e espanhol. Ivan Riabov apareceu, levou os nossos documentos, iniciando os exames demorados que em breve se tornariam a dança dos passaportes.

— Senhor Fulano, o senhor aqui?

Voltei-me. Era Zdenka, minha excelente amiga, conhecida anos atrás na Legação da Checoslováquia, no Rio. A figurinha encantadora, mocidade forte, envolveu-me numa onda de recordações amáveis. Lembrei-me de um telegrama de felicitações que ela me enviara pelo Natal: como tinha um nome de pronúncia terrível, assinara-se *Zdenka da Legação*. Pedi notícias de Pitha, de Consuelo e de Blasta. Blasta andava ali perto e já havia descoberto minha mulher.

Depois de longas hesitações, o sol tinha resolvido sumir-se. As minhas amigas saíram, prometendo voltar. Marchamos para o restaurante. De volta, fumando cigarros péssimos, numa conversa interminável com Jorge Amado, examinei o ambiente e informei-me. O Alcron, talvez o melhor hotel de Praga, caiu em poder do governo e é administrado por um sindicato. Mas isso não afastou dele os antigos capitalistas. O salão estava cheio de operários, homens de pensamento, estrangeiros que se dirigiam a Moscou, às festas de 1º de Maio, ou vinham de lá, finda a conferência econômica. Na mesa vizinha à nossa, a delegação italiana fazia um barulho dos diabos. Adiante, olhos oblíquos e rijos malares de asiáticos. Rostos escuros revelavam-nos gente da Índia ou da Oceania. A orquestra lançava músicas de todos os lugares. Ao fundo, alguns pares dançavam. Sujeitos bem-vestidos, arredios, mulheres elegantes, criaturas ali bem visíveis, a alguns metros, e afastadas, afastadas em excesso dos operários, dos artistas, das pessoas que iam a Moscou, voltavam de Moscou. Eram restos da classe velha, tipos que já não podiam ter escravos e se arruinavam em loucura furiosa, agarrados a prostitutas.

(Cannes – 3 – Junho – 1952)

3

(Cannes – 3 – Junho – 1952)

P ELA manhã, depois do café, um rapaz amável veio convidar--me para um passeio nos arredores. Tencionava mostrar castelos, várias preciosidades checas que certamente não me seria possível rever. Entrei no automóvel, ignorando quem fazia o convite. Ainda hoje ignoro. Possivelmente foi a Voks, entidade forte, polimorfa, visível ao mesmo tempo em diversos lugares.

Deixamos a cidade, atravessamos aldeias, campos de lavoura onde se ensaia a coletivização. As terras dos proprietários ricos foram confiscadas. Perguntei se tinha havido indenização, e a resposta negativa me surpreendeu: haviam-me dito que o governo pagara os latifúndios pertencentes a indivíduos não hostis à revolução. A pequena propriedade e a média pouco a pouco aderiam às cooperativas agrícolas: uma intensa campanha mostrava aos camponeses as vantagens da associação. Entre essas culturas novas o caminho se estendia em rampas suaves, compridas retas, permitindo ao carro de boas molas cem quilômetros por hora. Junto à linha estreita de asfalto a primavera em começo enfeitava de branco extensos renques de árvores miúdas. Que plantas seriam aquelas? O rapaz amável informou: *boire*. Vendo-me a espantada ignorância, puxou a carteira, desenhou uma cabacinha:

— É uma espécie de maçã.

Bem. Pera. Os vegetais que se vestiam de flores alvas eram pereiras. Numa povoação letras enormes expostas no frontispício de uma casa larga foram traduzidas: estava ali uma escola onde se preparavam dirigentes revolucionários para o trabalho no campo.

Cerca de meio-dia, descanso de uma hora, almoço em Písek, cidadezinha antiga, onde se descobriram há tempo, na areia, pepitas de ouro. Písek, segundo me disseram, significa areia. Na sala do restaurante fervilhavam tipos exóticos de várias cores, delegados do Paquistão e da Índia na conferência econômica. Um, idoso, falou-me à saída, quis saber a minha terra e a minha profissão. Satisfiz-lhe a curiosidade e informei-me:

— Jornalista?

— Não. Homem de negócios.

Um sujeito moço, vigoroso, de rosto franco e simpático, apresentou-se: armênio, comerciante em Bombaim. Havia duas ou três mulheres azeitonadas, e uma figura estranha, de lividez fusca, expunha na máscara zombeteira, de olhar frio, de rugas duras, um sorriso permanente. A esquisita fisionomia lembrava um sátiro ou um diabo.

Esses entes dedicados à economia desapareceram. Outra vez o automóvel de boas molas, que amorteciam solavancos, rolou no asfalto, e no princípio da tarde chegamos ao primeiro castelo, do século XII. Realmente era mais velho, explicou a guardiã: já no século XII existia, e ignorava-se quando fora construído. Não há vestígio do fosso, da ponte levadiça, as muralhas derrocaram-se. Achando aberta uma porta baixa, penetrei nas masmorras, lôbregas, medonhas, o pavimento de lajes toscas em áspero declive. São três, e a comunicação entre elas é agora livre: vamos facilmente de uma a outra metendo-nos, como ratos, em buracos abertos nas paredes quase invisíveis na escuridão. A luz escassa vem de seteiras altas, exíguas: não passaria por elas a cabeça de um homem, a fuga seria impossível. Busquei as correntes, as grelhas, o torniquete, o potro, a roda. Em vão. Sondei os muros, na esperança de ver os sulcos que a roda lá deixara. Nenhum vestígio dos instrumentos de suplício.

Abandonando a furna tenebrosa, subimos, descemos escadas meio podres, invadimos a residência bárbara de um senhor feudal. Lá estão os móveis rudes, incômodos, as argolas onde se prendiam archotes fumarentos. Em vitrinas exibe-se uma ferragem que a umidade secular oxidou e decompôs: armas, ferraduras, pontas de lanças, esporas, um lixo amarelento, indicação de fortaleza para nós absurda. Os cofres onde se aferrolhava o tesouro arrancado lá embaixo, com tortura sábia, parecem-nos bem frágeis. Num armário, pratos de metal reles, pequenos, amassados, fazem-nos pensar nos banquetes em que a nobreza anterior aos talheres comia com as mãos, lambendo os dedos, sujando os mantos com a gordura do javali. Nesta sala o homem poderoso recebia poderes subalternos. Dez ou doze cadeiras toscas, diversas na altura, colocam-se de maneira esquisita, os espaldares voltados para a mesa de tamanho bem mesquinho. Essa disposição era necessária: de outro modo os cavaleiros se engancheriam nas espadas. Assim, cavalgando os móveis, cruzando os braços nos encostos, ficavam com os movimentos livres. A diferença na altura das cadeiras relacionava-se com o tamanho das pessoas que nelas se sentavam. Não se referia ao tamanho físico, provavelmente, mas ao tamanho social.

Manchando a roupa na caliça, galgamos a custo numerosos degraus carunchosos, chegamos ao terraço da torre principal, vimos na planície dois rios próximos, quase a juntar-se. Entre eles se erguia a fortaleza caduca, e isto noutras épocas lhe constituíra defesa. Ali pela vizinhança espalhavam-se há mil anos miseráveis cabanas de servos que, em horas de aperto, se comprimiam como rebanho no pátio exíguo, mendigando uma proteção horrivelmente cara. Se escapassem dali, morreriam na labuta escrava.

Descemos. Algum tempo depois estávamos no castelo de Orlik, do século XVIII, confortável, cheio de preciosidades que dariam sem dúvida um catálogo erudito. Duas livrarias, uma sala onde se exibem troféus, enormes dentes de bichos, panóplia extensa e complicada, larga coleção numismática onde se veem moedas do tempo de Augusto. O conde Svarcenberk, possuidor dessas maravilhas, gostava da guerra, da caça e da leitura. Nas salas de estudo numerosas estantes se abarrotam de livros certamente preciosos, com admiráveis encadernações. Os troféus, expostos em comprida galeria, nas paredes, no teto, dizem-nos que o excelente fidalgo, em vez de cortar sarracenos e demolir cristãos, dever de seus avós, apenas se contentava com a destruição de bichos desprovidos de almas. A panóplia exibe armas cortantes, perfurantes, contundentes, de arremesso e de percussão, mas podemos supor que nunca tenham servido para matar alguém. Linhas de fuzis magníficos, verdadeiras joias, os canos recobertos de ouro. Não suprimimos os nossos irmãos com instrumentos caros assim. Um tiro arruinaria o objeto valioso, construído para museu. O conde Svarcenberk, diz-me o condutor amável, utilizou a fome do povo, arranjou trigo no exterior e vendeu farinha arrancando a pele da gente exausta. Enorme retrato oferece-nos à vista a nobre figura do fidalgo. Dignidade e inteligência. Telas secundárias nos mostram seus filhos, menos inteligentes e menos dignos, é claro. Os pintores não se esqueceram de guardar as proporções.

O terceiro castelo, que vimos ao cair da noite, é uma casa moderna, e nem sei como lhe deram o nome pomposo de castelo. Foi tomado pelo governo, possivelmente a algum nobre arranjado à pressa, um desses burgueses que arrumam antepassados e glória com dinheiro. Certo não esperamos achar lá prisões horríveis, degraus perigosos, armas corroídas pela ferrugem; mas poderíamos ver coleções de moedas, biblioteca, panóplia inocente. Nada disso. É um prédio atual, prosaicamente insulso e atual, onde se hospedam hoje pessoas ilustres, segundo me afirmaram no aeródromo. Ofereceram-nos aí um chá. Nas mesas próximas à nossa, homens graves, encanecidos, diziam em silêncio que aquilo era um recanto de meditação.

Voltamos à cidade. Um dia gasto a pensar em ver coisas que virão, coisas que se foram. O futuro e o passado. E o presente? O presente é um horrível hiato: nele se acumulam dificuldades medonhas.

(Mediterrâneo – 4 – Junho – 1952)

4

(Mediterrâneo – 4 – Junho – 1952)

NA manhã baça e fria, Sinval Palmeira e Arnaldo Estrela levaram-me a visitar a Praga velha: portas da cidade, torres, arcos de velhice respeitável, becos impróprios à vida atual, mas conservados, restaurados, como se os homens de hoje obedecessem às exigências da Idade Média. O vento, a chuva, bombas alemãs, determinaram aqui alguns estragos — e as coisas velhas foram logo reconstituídas. Nas pedras de ruínas milenárias vemos remendos de cimento, e o emprego do material novo nos abala, temos a impressão de que pintaram cabeleiras vetustas, suprimiram rugas. Arnaldo Estrela, entendido em arqueologia, espalhava sobre a minha ignorância datas e informações. Pouco antes das dez horas estávamos diante do relógio imenso, junto a outros basbaques estrangeiros, esperando que a janelinha se abrisse e os doze apóstolos desfilassem, tiritantes, na velhice ingênua.

À tarde Zdenka veio buscar-nos para mostrar o palácio presidencial. É um castelo enorme onde se arrumam construções de épocas diferentes. Na parte nova instalaram-se repartições públicas.

Atravessando o largo portão de ferro, andamos em praças, ruas, travessas, planas, inclinadas, um vasto labirinto. Por ali circularam noutros séculos terríveis cavaleiros de espada, lança e acha de armas. Agora vemos pelotões em marcha, o passo largo, marciais em demasia. Detenho-me, fico a examinar esses novos soldados, provavelmente ainda não afeitos à caserna. São rapazes de vinte anos, menos de vinte anos, chamados há meses ao serviço militar; na luta contra o fascismo nenhum deles estava em condições de pegar um fuzil. Essa geração tem ódio à guerra, ódio visível em toda a parte, e resigna-se a preparar-se para ela, se a desgraça for inevitável. Não a pegarão de surpresa; o exército do capitalismo, arrumado a custo, numa provocação incessante, não achará vitória fácil.

Descemos uma ruela arcaica. As pedras do calçamento, desiguais, mal juntas, dificultam-nos a caminhada extensa. À esquerda, em fila triste e humilde, casinhas insignificantes se envergonham, escoram-se umas às outras como se receassem cair de velhice, friorentas e bambas. Parecem galinheiros. Viveram nelas, trancados, longe do mundo, os alquimistas italianos que aqui tentaram a fabricação do ouro. Dispensava-se aos bisonhos sábios um tratamento bem duro: estavam encerrados como presos nas celas miúdas. Chego-me a uma das portas exíguas, baixinhas, fechadas, meto os olhos por uma abertura, na esperança de enxergar as panelas e as retortas que ainda se conservam lá dentro. Os objetos da ciência ambiciosa escondem-se, envoltos na treva.

Pezunhando na rampa íngreme, afastamo-nos da sabedoria medieval, e, como dessa parte já não existem muralhas, caímos de repente no século XX, entramos na multidão que formigava, atenta às faixas brancas. Rigorosamente proibido ir de uma calçada a outra fora delas. Minha amiga Blasta, esquecendo esse dever, foi multada e obrigaram-na a um curso onde a gente aprende a andar na via pública. Um brasileiro, indiferente aos sinais, ia tendo a mesma sorte. O guia quis salvá-lo explicando que o homem não conhecia os hábitos da terra.

— Nesse caso o senhor paga a multa — concedeu o guarda. — Multa em dobro, porque arriscou a vida de um cidadão estrangeiro.

A caminho do hotel, retardava-me olhando os nomes que havia nas paredes e exigia de Zdenka a tradução deles. As macieiras cobriam-se de flores.

— Zdenka, onde está Blasta?

— Na lavoura, apanhando batatas.

Depois de fortes lições relativas ao trânsito, conhecendo mais ou menos o modo razoável de caminhar, Blasta se internara no campo e contribuía, bem ou mal, para a alimentação da república. Ninguém a obrigava a isso. Mas Blasta, funcionária, habituada a ocupações leves, achava que podia ser útil apanhando batatas.

Chegamos ao hotel Alcron, que tem cigarros caros e horríveis. No vasto salão achei-me só na turba que entrava, saía, dizia coisas incompreensíveis. Jorge Amado partira na véspera, de volta ao Brasil. Não me era possível fazer-me entender. Bebendo um cálice de aguardente de ameixa, lembrava-me do passaporte que não se resolvia a voltar da embaixada soviética. E considerava os homens e as mulheres do Paquistão e da Índia, buscava adivinhar as intenções do sátiro escuro, de olhos baços, o sorriso enigmático pregado aos lábios débeis. O armênio residente em Bombaim veio despedir-se, mas não lhe compreendi bem a cortesia inglesa de negociante. Ivan Riabov surgiu, desapareceu, tornou a surgir, a desaparecer. Dois dias para escrever algumas palavras num passaporte. Não me seria possível viajar no dia seguinte. O sorriso sarcástico do hindu enchia-me de interrogações desconexas. E irritava-me a dança dos capitalistas e das prostitutas agarrados no fim da sala, idas e vindas, sobretudo expansões na língua encrencada. Nessa altura a presença de Pitha, camarada excelente de quem me despedira dois anos antes, encheu-me de alegria. Quando o conheci, Bruno Pitha, encarregado de negócios, era ministro interino da Checoslováquia no Brasil. De volta à pátria, alto funcionário no Ministério do Exterior, abandonara o serviço três meses, mourejara na picareta abrindo cortes, enchendo aterros numa estrada de ferro. A experiência faz-me pensar no trabalho de Blasta e arranca-me a pergunta assombrada:

— Para quê, Pitha? Que adianta isso?

Bruno Pitha acha que adianta. Se fosse um indivíduo comum, limitar-se-ia a carimbar papéis na repartição. Mas tem responsabilidades, necessita dar exemplo. Costa Neto, que vive em Praga, tentou fazer o mesmo e não aguentou uma semana: os calos inutilizaram-lhe as mãos. Bruno Pitha resistiu: homem de recepções e salamaleques, tem os dedos grossos como os de um cavouqueiro. É com tais esforços que o socialismo avança rápido na Checoslováquia. A burguesia, em desespero, dança lá no fundo, agarrada às prostitutas. E aguarda um milagre. Às duas horas Ivan Riabov veio entregar-me o passaporte. Até que enfim!

— Adeus, Pitha. Preciso descansar uns minutos. Viajo pela manhã. Vamos beber um pouco de vodka?

O novo cavouqueiro da estrada de ferro hesitou:

— Não, é muito caro. Basta um cálice de aguardente de ameixa.

(Atlântico – 5 – Junho – 1952)

5

(Atlântico – 5 – Junho – 1952)

D EPOIS de exame rigoroso nas bagagens, deixamos Praga de oito para nove horas, num avião militar. E logo aí notei particularidades. Não havia letreiro luminoso a exigir que amarrássemos os cintos e esquecêssemos algum tempo o cigarro. Buscando a correia para prender-me, obediente à exigência cristã, não achei prisão: pelo menos nesse ponto via-me livre de amarras. O aparelho tinha-se erguido com rapidez incrível sem que déssemos por isso. Olhando para fora, percebi a terra longe, a cem ou duzentos metros.

Cerca de onze horas estávamos em Minsk, no restaurante do aeródromo, travando relações com o caviar e a vodka. À tarde chegamos a Moscou. E pensei no meu soturno desembarque em Praga, dias antes. Éramos agora umas trinta pessoas. Descendo a escadinha, fomos detidos por uma onda rumorosa de fotógrafos e repórteres. Moças ofereceram ramilhetes às mulheres que nos acompanhavam. Entre as pessoas atarefadas nessa recepção imprevista, duas sobressaíram: um homem grave, que mais tarde me disseram chamar-se Constantino Tchugunov, e um rapaz alto, vigoroso, o olho vivo, o rosto aberto num sorriso largo e os cabelos inteiramente brancos. Essa mocidade forte e encanecida levou três de nós a um automóvel, conduziu-nos à cidade, e usando um português razoável, que um ligeiro pigarro atrapalha quando surge alguma dificuldade na sintaxe, entrou em camaradagem rápida, cheia de pacientes informações. Jorge Kaluguin viveu dois anos no Rio, onde foi correspondente da agência Tass; hoje é redator-chefe da seção latino-americana de *Tempos Novos*, uma grande revista. Com exuberância foi-nos indicando lugares famosos, aqui e ali. A universidade nova, enorme: os corredores têm dezoito quilômetros de extensão. O Kremlin, a Praça Vermelha, a Catedral de São Basílio. Uma frase burlesca interrompe a seriedade que esses pontos ilustres impõem: lá estava o hotel Pina. E, como nos espantássemos, veio a explicação: naquele prédio viveu o Gomalina, criatura fogosa que levantou os meios oficiais brasileiros contra a União Soviética. O tinteiro com que ele agrediu o gerente da casa guarda-se como preciosidade. Fomos deixar as nossas bagagens no hotel Savoy, onde não descobri nenhum dos operários vindos conosco de Praga: hóspedes dos sindicatos, afastavam-se de nós.

 O apartamento que me destinaram no Savoy, de três peças amplas, era luxuoso demais. O banheiro me tranquilizou, pois na Europa é comum arrumarem a gente em quartos sem banho. No alto da escada que nos levou ao refeitório um terrível urso empalhado erguia-se em dois pés, alargava a bocarra ameaçadora. De volta à rua, vi perto do salão a estatueta que um oficial americano pretendeu furtar. É uma Vênus de oitenta centímetros, e como arte não representa grande coisa, mas tem a vantagem de ser de metal amarelo, cor de ouro, e isto nos mostra a causa da tentação.

Fomos andar nas linhas subterrâneas, vasto formigueiro que se desenvolve em três planos e serviu de abrigo antiaéreo durante a guerra. A primeira estação me surpreendeu, mas Kaluguin me esfriou o entusiasmo: aquela, a mais antiga, inaugurada em 1934, era de fato bem modesta. Embarcamos, desembarcamos noutra, enorme construção de colunas e teto coberto de esculturas, luz intensa a derramar-se no chão brilhante como espelho. Inadvertidamente, acendi um cigarro — e no mesmo instante um guarda se chegou, disse-me com palavras, depois com gestos, que era proibido fumar. Atrapalhado, joguei o cigarro na pedra luminosa, mas como isso era também proibido, tive de apanhá-lo, cheio de vergonha. Kaluguin aumentou-me a confusão dizendo, franco e rude, que salas tão suntuosas não eram feitas para que nós as sujássemos com cinza. Atirei o desgraçado corpo de delito abaixo da plataforma. De dois em dois minutos passa um trem. Mais de uma hora estivemos a entrar, a sair de carros, a subir, a descer largas escadas movediças, onde fervilhava a multidão apressada. A franqueza do jornalista não me deixou nenhum ressentimento: ele tinha razão. Pouco depois estávamos a tratar-nos com familiaridade, como se fôssemos amigos velhos. Nos vagões repletos numerosos militares nos exibiam as condecorações ganhas penosamente na guerra, mas não me era possível determinar a significação delas.

— Esse tipo que está aí na frente é um oficial, não é verdade, Kaluguin?

— Sim, major de aviação.

Esse rótulo oficial reduziu-me um pouco o valor do homem, largamente condecorado. Uma velha magra, cartilaginosa, entrou rebocando um menino chorão. Os lugares estavam ocupados, mas é impossível uma criança viajar em pé, e num instante essa gritava no colo da avó, sem dúvida avó, com exigências estrídulas. Os vizinhos tentavam acalmá-la, em vão. Súbito um homem duro, de garras compridas e nodosas, levantou-se, pôs na mão do garoto uma pera. O pranto findou, um resto de lágrimas juntou-se ao suco da fruta mordida. A mulher, cuidadosa, juntava sementes e pedaços de casca, arrecadava tudo no lenço e na bolsa. Era o que eu devia ter feito pouco antes, se me houvessem dado a educação necessária. Cometida a infração, resignar-me-ia a esconder o infeliz cigarro numa caixa de fósforos.

(Atlântico – 7 – Junho – 1952)

6

(Atlântico – 8 – Junho – 1952)

LEVANTEI-ME cedo, mas encontrei o salão vazio, o refeitório deserto. Velho madrugador, achava-me isolado, à espera de gente que jantara depois da meia-noite e se havia recolhido pouco antes de levantar-me. Afinal surgiram figuras ainda sonolentas, as golas erguidas, na friagem da manhã vagarosa, e a nossa mesa no restaurante exibiu o pequeno almoço, na verdade um almoço grande. Bastavam-me um copo de chá e um pedaço de pão, e a abundância da comida quase me afligia. O pessoal do serviço recusava essa frugalidade, buscava deixar-nos um prato, e se não nos convencia, afastava-se, voltava à carga uma, duas, três vezes, até nos resignarmos à oferta. Queriam forçar-me a excessivo alimento, encher-me, utilizando conselhos e sorrisos, o estômago fraco. Essas pessoas não têm pressa. Voltam com longos intervalos, como se pudéssemos ficar o dia ali sentados. Se desejamos qualquer coisa, precisamos admitir, ao fim de comprida espera, que não nos atendem; se insistimos, pedem--nos paciência. Não esquecem nada, mas necessitamos calma. Já entre nós se achava Kaluguin, a traduzir-nos as exigências. Finda a refeição, apresentou-nos Anatólio Ielatonsev, um rapaz aturdido e silencioso:

— Vai trabalhar com os senhores.

Anatólio Ielatonsev nos entende mal e exprime-se em espanhol avariado. Se lhe falamos, pergunta sem variar: "Como?" E, ouvindo as palavras já ditas, mostra percebê-las por metade. Também conhecemos ali a senhora Alexandra Nikolskaya, funcionária no Ministério das Relações Exteriores. Conhece o Rio, esteve lá, na embaixada soviética, e faz-se compreender num português cheio de circunlóquios. Se lhe fazemos um pedido, reflete, diz com segurança: "Vamos resolver o assunto." O primeiro assunto que mme. Nikolskaya precisava resolver nesse dia era levar-nos ao fotógrafo, pois da apresentação das nossas caras dependia uma licença para assistirmos às festas de 1º de Maio. Cumprida essa exigência, a excelente mulher entrou a revelar a sua capacidade vasta, infatigável, que se iria desdobrar dias e noites, em diversos lugares, ao norte, ao sul.

À tarde fomos à Voks agradecer-lhe a hospedagem complexa, dispendiosa em excesso, provavelmente infecunda: nada realmente poderíamos oferecer em troca daqueles favores. Essa ideia me atenazava. Desde a chegada a Praga, achava-me entregue à poderosa instituição, vivia à custa dela, e era doloroso achar-me a causar dano a estrangeiros solícitos. Não me consentiam pagar um cálice de vodka, um maço de cigarros. A fumar e a beber, julgava-me parasita: na lavoura e na fábrica pessoas mourejavam para sustentar-me o ócio inútil.

Diante da mesa larga coberta de frutos e garrafas, os meus escrúpulos se desvaneceram. Abafaram-nos logo os agradecimentos convencionais, e um professor, loquaz, pequeno, de idade ambígua, a cabeça pelada, incutiu-me, em longo discurso, a impressão de que realizávamos todos uma tarefa. Era sem dúvida um disparate, mas os russos têm a habilidade espantosa de, obsequiando-nos, sugerir que lhes fazemos obséquio.

Findos os salamaleques, uma pergunta surgiu — que desejávamos conhecer? Em seguida foi examinado o tempo necessário a isso. Duas viagens se impunham, a Leningrado e à Geórgia. Em trinta dias poderíamos ir para cima, para baixo, satisfazer uma curiosidade que há longos anos crescia. Ouvindo as nossas exigências modestas, o professor expandiu-se numa alegria ruidosa:

— Os senhores desejam muito pouco. Vou proceder ditatorialmente, forçando-os a visitas de que não se lembraram.

Kaluguin e mme. Nikolskaya tinham-se cansado na tradução do largo programa, tomavam fôlego, e a brincadeira do homenzinho pelado ia do russo ao inglês, por intermédio de Tchugunov, chegava ao português trazida por Chermont e Sinval. Exposta a oferta risonha, numerosos brindes esvaziaram as garrafas. Em demorada saudação, o professor derramou-se em galanteios às cinco mulheres que nos acompanhavam. De regresso ao hotel, sentia-me zonzo. Os acontecimentos baralhavam-se: não me seria possível guardá-los se continuasse na impossibilidade infeliz de tomar notas.

— Mme. Nikolskaya, preciso uns óculos. Não posso escrever.

Mme. Nikolskaya redigiu grave o pedido: trataria dele mais tarde, com vagar. Desgostou-me essa desatenção à minha cegueira, pensei nos homens que, no restaurante, nos serviam com exagerada pachorra. Por que não íamos logo a uma casa de óptica? Abafei a reclamação justa.

Nas escadas, nos corredores do Savoy, moviam-se linhas de criaturas pálidas, metidas em roupas leves, escuras, largos pijamas uniformes. Deslizavam, falavam tão baixo que não se percebiam as palavras; só o movimento dos lábios nos dizia que não estavam em silêncio. Cheguei-me a uma dessas figuras esquivas:

— Chinês ou coreano?

— Chinês, da delegação.

Havia no restaurante a mesa dos italianos, a dos húngaros, a dos hindus. Esses grupos viviam separados, alguns voltavam da Ásia, outros para lá se dirigiam; visíveis um instante, sumiam-se de repente, ressurgiam, entregues a curiosidades e interesses vários. Os operários vindos conosco, afastados no primeiro dia, desejavam conhecer a oficina, o salário, a casa do trabalhador, o organismo sindical. Os meus companheiros atuais inclinavam-se para a escola, o museu, a biblioteca, o hospital, queriam que lhes mostrassem literatura, música, um processo judiciário. Delegados ao Congresso Internacional da Infância chegavam de Viena; homens de negócio, técnicos da Conferência Econômica, voltavam de Pequim. Alastravam-se por toda a parte discussões em línguas incompreensíveis. No movimento de cortiço desconhecidos se aproximavam, conseguiam fazer-se entender, e logo seguiam rumos diferentes. Oito ou dez argentinos amáveis nos deram notícias de Buenos Aires. Os três delegados cubanos iam e vinham. Os olhos oblíquos de uma rapariga chinesa, realmente bela, riam sem descontinuar.

(Atlântico – 10 – Junho – 1952)

7

(Atlântico – 10 – Junho – 1952)

O TEATRO Bolshoi é uma tradição admiravelmente conservada: lá estão como no tempo do czarismo as colunas do pórtico, o hall enorme, as escadas brilhantes. Parece ter sido feito na véspera. As modificações lá introduzidas nestes últimos trinta e cinco anos realizaram-se em obediência rigorosa ao que existiu num mundo morto, e assim temos a impressão de haver continuidade perfeita.

Aparentemente nada se alterou. A mesma plateia, os mesmos camarotes, os mesmos lustres; nessa velha mocidade as cortinas e os móveis se conservaram miraculosamente. Onde estava a tribuna do imperador? Seria aquela, junto ao palco? Não, era outra, ao fundo, imponência tremenda. Antes de 1917 devia estar de ordinário envolta na cobertura de veludo, inútil, pois Sua Majestade morava em São Petersburgo e poucas vezes honraria o teatro com a sua presença. Agora estava aberta, cheia, e as pessoas arrumadas nela não diferiam das existentes nas cadeiras lá embaixo. São esses indivíduos que marcam a divergência entre o passado, visível no ouro, no mármore, em pregas de tecido, em traços de escultura, e o presente, conservador dessas velharias preciosas e inofensivas. A arte e o luxo separaram as classes, humilharam com dureza uma delas, mas isto é história velha — e não existem ressentimentos, é claro. A arte agora tem finalidade bem diferente da que lhe conferiam.

Nos vestiários fervilha uma turba alegre que lá deixa agasalhos femininos, grossos capotes de homens, e vai fumar no salão, exibindo as roupas mais diversas e maneiras diversas também. Três ou quatro senhoras expõem com suficiência vestidos longos, rabudos e decotados, desviam-se do meio, comportam-se como duendes. Talvez sejam estrangeiras. O número exíguo dá-lhes aparência contrafeita. Não vemos uma casaca. A multidão invadiu a casa ilustre e aí se acha à vontade, como no trabalho ou na rua: ninguém teve a lembrança de modificar um pouco a indumentária. Blusas, vestimentas pesadas, sapatões resistentes à friagem. Fardas, condecorações, as fitinhas e as medalhas vistas em toda a parte, vestígios da guerra; uma pessoa arrimada à bengala, a claudicar, indica-nos estragos físicos. Mulheres gordas, vermelhas, de unhas escuras; homens rijos, ásperos, afeitos ao calor das máquinas e ao frio da cidade, a obrigação diária a exibir-se nos músculos e nos calos. Fora das luvas, as mãos apareciam grandes e nodosas. Isentas de cerimônia, essas criaturas mexiam-se, falavam alto, comiam laranjas e maçãs, jogando cascas e resíduos nos cinzeiros amarelos situados nos cantos da sala. Num terço de século tinham-se diluído hábitos, convenções, e a rotina, a imobilidade, ali se representavam por três ou quatro figuras magras de peitos descobertos. No burburinho e no movimento, duas surpresas me chegavam: pessoas rudes, vazias na aparência, tinham recurso para ir ali mastigar frutos, pisar com botas grosseiras os tapetes destinados ao burguês e ao nobre; como ninguém as obrigava a passar algumas horas entregues à dança e ao canto, era necessário admitir que sentiam prazer nisto. Há na União Soviética uma feroz ditadura: a afirmação, no correr do tempo, entrou nos olhos e nos ouvidos como pregos. A ferocidade singular rouba o sono do operário dando-lhe uma educação dispendiosa em excesso.

Como a sala se esvaziava, regressei ao camarote; correndo a vista em redor, notei que todos os lugares estavam ocupados. Antes de levantar-se o pano, uma salva de palmas intrigou-me: qual seria a razão daqueles aplausos extemporâneos? Alguém me desfez a ignorância: o maestro chegara. Espantado com a ruidosa efusão, dirigi o binóculo à ribalta, percebi um homenzinho voltado para os espectadores, curvando-se em agradecimentos. Começou a representação de *Romeu e Julieta*, num bailado sábio, alto em demasia para as minhas limitações. Não me seria possível dizer por que aquilo era grande, por que o público julgava Ulanova a maior dançarina do mundo. Surpreendia-me a reconstituição rigorosa da época soturna em que a tragédia se desenvolveu, e mais me espantava haverem transformado um caso de amor, uma luta de famílias, em vasto movimento de massas. No admirável conjunto às vezes sobressaíam figurinhas exíguas. Na peça corriam as festas, a procissão, os duelos — e dois pequenos vagabundos, a um canto, dançavam agitando os seus farrapos de seda, brigavam, reconciliavam-se, metiam as mãos nas algibeiras do frequentador da taberna, pediam esmolas, furtavam a bolsa da velha devota a caminho da missa. Os artistas que ali trabalham são de primeira ordem, premiados. Assombrava-me a imaginar o esforço exigido pela educação dos dois garotos, novinhos, ainda crianças. Como era possível conseguir prêmios tão cedo? De quando em quando o bailado se interrompia; as duras mãos calosas, pouco antes ocupadas em descascar laranjas, juntavam-se com forte barulho de martelos a ferir bigornas. Nos fins dos atos Ulanova era chamada quatro, cinco, seis vezes; a admiração contagiosa prolongava-lhe o imenso trabalho.

Uma ideia me atenazava: Shakespeare ressurgia, levava ao delírio os trabalhadores de um país bárbaro no tempo dele. Um chinesinho gritava no fim da plateia, batia palmas furiosas. Lembrei-me dos gestos vagarosos daqueles viventes, do zumbido imperceptível de insetos esquivos e polidos. A rumorosa expansão causava-me susto.

(Atlântico – 11 – Junho – 1952)

8

(Atlântico – 11 – Junho – 1952)

TINHA-ME comprometido na véspera a descer às sete horas, mas perdi o sono, levantei-me cedo, lavei-me cedo, e às cinco me achava no restaurante, olhando a rua através das janelas, superpostas por causa do frio. São duas, e entre elas há uns trinta centímetros. Pela dupla barreira de vidro raras figuras me surgiam na calçada fronteira: homens e mulheres de botas, luvas que subiam aos pulsos, chegavam às mangas, rostos vermelhos a emergir de biocos armados nos pescoços e nas cabeças. De longe em longe passavam militares a fumar, caminhando como paisanos, isentos da disciplina. Algumas horas depois seriam obrigados a ela. Esses transeuntes escassos, num instante sumidos nos poucos metros de rua visíveis, causavam-me dolorosa impressão de isolamento. Cego e mudo, não saberia orientar-me lá fora; nem me seria possível ler as placas das esquinas. Naquele momento a vida circulava lá embaixo, nas artérias que se desenrolavam em três andares, mas ali não havia sinal do extenso formigueiro.

Quando nos sentamos à mesa, às sete e meia, a cidade começava a despertar, preguiçosa. E ao sairmos já era intenso o movimento. Longo tempo caminhamos para ir do hotel ao Kremlin. A distância não é grande, mas parávamos de instante a instante para atender a uma exigência muito repetida. Nas faixas brancas havia extensas linhas de guardas imóveis, impedindo o trânsito no asfalto. Andávamos vagarosos na multidão que fervilhava na calçada larga. Demora de alguns minutos numa esquina: o posto policial, meticuloso, queria ver os passaportes, as licenças, onde os nossos nomes, grafados no alfabeto alheio, se transformavam de maneira insensata. Kaluguin e a sra. Nikolskaya, hábeis e pacientes, nos faziam passar os crivos numerosos dessa peneira complexa. A habilidade e a paciência, transposto um obstáculo, esbarravam noutro: examinados os papéis, homens rigorosos nos levavam, corteses, à passagem. Enfim chegamos à velha fortaleza, subimos as plataformas que se encostam à muralha hoje exibida em fotografias ao mundo inteiro.

Galgando vários degraus, achei-me em situação de poder observar os arredores. Perto, à esquerda, por uma escada exterior, alguns homens se elevaram ao terraço do túmulo de Lênin. A presença dessas figuras oficiais provocou uma onda de aclamações — e Stalin surgiu, passeou pelas três faces do monumento, agradecendo, logo desapareceu no meio de personagens muito condecoradas. Às vezes mostrava a cabeça, e os meus vizinhos ficavam nas pontas dos pés para vê-la. Embaixo as formações militares se deslocavam, enormes quadrados compactos em pouco tempo encheram a Praça Vermelha. E os altifalantes lançaram a palavra do governo soviético a todos os povos. Pela tradução de Constantino Tchugunov, por pedaços da retradução de Sinval, compreendi vagamente o discurso. O povo e o exército queriam a paz, tinham ódio à guerra, mas se fosse inevitável esta desgraça, os provocadores dela não teriam vitória fácil.

— Quem é este sujeito que está falando? — perguntei.

Anatólio Ielatonsev arregalou os olhos, não querendo admitir a maneira desrespeitosa de referir-me a uma figura importante, aguardou repetição da pergunta e, no seu espanhol capenga, informou assombrado:

— Mas é o marechal Govorov.

Como se eu tivesse obrigação de conhecer o orador. Começou o desfile às dez horas, como estava marcado. Esse rigor não me surpreendeu, mas espantei-me ao ver que, devendo encerrar-se às onze, ele tenha findado exatamente às onze, nem um minuto antes, nem um minuto depois.

No intervalo foi realizada uma exposição de força, coisa pouca, segundo me disseram, apenas uma ligeira amostra oferecida pela guarnição de Moscou. Assim exígua, a demonstração iria sem dúvida roubar o sono dos embaixadores invisíveis em tribunas construídas além do túmulo de Lênin. A infantaria fazia-me pensar na resistência miraculosa aos sítios longos, na avalanche que rolara, esmagando o invasor. Com certeza ali perto marchavam heróis de Leningrado e Stalingrado. Os cavaleiros eram cossacos, provavelmente, nascidos no Don, no Kuban, indivíduos afeitos à equitação por hábito hereditário. Os animais deslocavam-se como se estivessem a dançar. Depois foram carros de assalto, canhões, tanques, as horríveis armas da guerra moderna. Pouco antes as pernas dos cavalos moviam-se com ritmo, direitas, esquerdas, semelhavam, nesse acordo, membros humanos. Agora me chegava a impressão de que havia inteligência no metal. Nas extensas filas de mecanismos não se viam condutores; era como se os poderosos engenhos soubessem dirigir-se com ordem, equidistantes, sem um deles avançar, retardar-se. Lá em cima voavam aeroplanos, os horrores que neste século nos embotaram a alma, tão numerosos e cruéis se tornaram, no bombardeio e na caça. A princípio eram grandes conjuntos barulhentos. Em seguida surgiram em grupos de três, dois em linha, um a distanciar-se um pouco, formando pequenos triângulos brancos, silenciosos. O silêncio era novidade espantosa, e no começo escapou-me a significação dele. Os aparelhos surgiam, sumiam-se repentinamente — e então nos chegava o trovejar longínquo dos motores. Percebi que as tremendas máquinas tinham velocidade superior à do som.

    A clara advertência ao capitalismo não se limitou à exposição formidável: a cena desenrolada na Praça Vermelha, diante do Kremlin, do monumento onde Lênin repousa, mostrou-nos uma potência maior que a proveniente dos quartéis, das academias militares, dos laboratórios, das fábricas de morte. A pesada ferragem destruidora não atrairia pessoas de sessenta países, ali reunidas. O que nos enchia de pasmo era a alma de todo um povo, manifesta nas organizações de operários, de estudantes, de sociedades incontáveis. Gente das oficinas, dos esportes, dos jornais, dos teatros, a marchar sempre, sempre. Cartazes e mais cartazes; enormes letreiros expostos em quadros levados por muitos indivíduos. Retratos e mais retratos: os dirigentes da revolução, antigos e modernos, de Marx e Engels a Mao Tsé--tung e Togliatti.

    Desci às plataformas inferiores, cheguei à margem da imensa torrente viva. As aclamações incessantes feriam-me os ouvidos. A colaborar nesse duro rumor, Kaluguin me apareceu cheio de entusiasmo: batia palmas e gritava à passagem dos seus velhos companheiros da agência Tass. Voltando à calma, o excelente rapaz quis saber quais dos meus livros poderiam ser traduzidos em russo. Estranhei a pergunta, na verdade inoportuna dentro da enorme agitação.

— Nem sei, Kaluguin. Talvez nenhum. Vocês é que devem examinar isso.

Tinha-me vindo o pensamento de que os meus romances nenhum interesse despertariam àqueles homens: são narrativas de um mundo morto, as minhas personagens comportam-se como duendes. Na sociedade nova ali patente, alegre, de confiança ilimitada em si mesma, lembrava-me da minha gente fusca, triste, e achava-me um anacronismo. Essa ideia, que iria assaltar-me com frequência, não me dava tristeza. Necessário conformar-me: não me havia sido possível trabalhar de maneira diferente: vivendo em sepulturas, ocupara-me em relatar cadáveres.

Afastei as cogitações lúgubres. O rio humano rolava sem parar, era realmente uma inundação. Mulheres carregando flores e crianças, ramilhetes, braçadas de flores, robustas crianças vermelhas que pareciam ter os rostos sujos de tinta. A juventude rija das escolas, conduzindo estandartes. Homens de raças diversas. A velhice resistente ao czarismo, a duas guerras, a várias pragas. Alguns milhões de moscovitas incorporavam-se à procissão infindável. Provavelmente as casas se despovoavam, e nas linhas subterrâneas os trens se mexiam raros e desertos. A deslocação permanente começou a dar-me tonturas:

— Quando é que isto vai terminar, Kaluguin? Que horas são?

O redator de *Tempos Novos* consultou o relógio. Quatro horas. Devíamos sair. Fazia seis horas que assistíamos à parada singular, e aquilo ia prosseguir até a noite. Pouco depois os dezoito brasileiros abandonavam a escadaria do velho palácio, eram arrastados pela multidão.

Ao deixar a Praça Vermelha, o cortejo pouco a pouco se desfazia, tomava rumos diferentes, assumindo o feitio de um delta, e espalhavam-se no chão restos de símbolos — cartões, sarrafos, papel colorido. O serviço de trânsito subordinava o pedestre a regras difíceis. De repente achamos o caminho fechado, e um policial agarrou com violência o braço de Kaluguin. O jornalista, rijo, atlético, professor de remo, deixou-se abalar sem protesto. Em seguida cochichou algumas palavras, e o outro recuou, fez a continência, levou-nos a um ponto de livre acesso.

Agora estávamos fora da turba, mas cercavam-nos restos dela por toda a parte. Moças dançavam. E, finda a tarefa, grupos de soldados juntavam-se a elas. Uma fila de homens sentava-se ao meio-fio, exibindo nas fardas medalhas e fitas. Longamente percorremos a cidade repleta de canto e música. Uma desordem festiva emanava da Praça Vermelha, às vezes se detinha, refluía diante da onda que para lá rolava, e isto dava ao lugar aspecto estranho. A alguns passos do enorme cordão, as raparigas e os soldados giravam. Uma companhia de pirralhos achava um tanque vazio, entrava nele, entregava-se a experiências. Esse procedimento dos militares, empertigados e mecânicos pela manhã, trouxe-me uma ideia esquisita: se o marechal Govorov aparecesse ali, não seria muito diferente dos rapazes que dançavam e riam, abraçados às raparigas. Anatólio Ielatonsev se escandalizaria. Uma garotinha de cinco anos puxou a manga da senhora Nikolskaya:

— Titia, estou bonita com o meu vestido novo?

— Linda, minha filha.

Recolhemo-nos à noite. Indispensável um pouco de vodka. Dois graus abaixo de zero.

(Atlântico – 13 – Junho – 1952)

9

(Atlântico – 14 – Junho – 1952)

A CIDADE estava cheia de retratos de Stalin — e isto provocou a observação indiscreta de um de nossos companheiros: a demonstração de solidariedade irrestrita não impressionava bem o exterior.

A senhora Nikolskaya ouviu com paciência a crítica azeda, julgou-a, cortesmente, leviana e absurda: nenhum russo admitia que as coisas se passassem de outra maneira. Essa réplica isenta de motivos era, no meu juízo, superior a um longo discurso esteado em razões. Estávamos diante de um fato, e condená-lo à pressa, ao cabo de alguns passeios na rua, parecia-me ingenuidade. Com certeza ele era necessário, e devíamos, antes de arriscar opinião, investigar-lhe a causa. Realmente não compreendemos, homens do Ocidente, o apoio incondicional ao dirigente político; seria ridículo tributarmos veneração a um presidente de república na América do Sul. Não temos em geral nenhum respeito a esses indivíduos. Pelo contrário: a massa experimenta prazer em atacá-los, os jornais da oposição encarniçam-se em apontar-lhes as mazelas, reais ou imaginárias.

O amor a um poder, na verdade bem precário, faz que essas criaturas se resignem a tomar diariamente um banho de lama. Verdades e calúnias confundem-se. Hoje em cima, embaixo amanhã, preso a interesses inconfessáveis, obrigado a mendigar o voto, alargando-se em promessas num instante esquecidas, o homem público é um ser mesquinho. Habituamo-nos a julgá-lo trapaceiro e venal; as suas palavras em tempo de eleição, ocas e abundantes, são para nós desgraçadas mentiras.

Bem. Trazemos no espírito a lembrança dessa figura triste, não a podemos afastar de chofre — e, chegando aqui, somos levados a compará-la ao estadista que passou a vida a trabalhar para o povo, nunca o enganou. Não poderia enganá-lo. Esforçou-se por vencer o explorador, viu-o morto — e seria idiota supor que, alcançada a vitória, desejasse a ressurreição dele. É, desde a juventude, um defensor da classe trabalhadora. Esta expressão, razoável há trinta e cinco anos, tornou-se desarrazoada, pois aqui já não existem classes. Dedica-se ao trabalhador, e efetivamente não há, nos tempos que correm, grande mérito nisto. Difícil foi tomar o partido dos pobres no princípio do século, quando a teimosa resistência o levou à Sibéria e à tortura. Hoje a dificuldade seria escolher alguém a serviço dos patrões. Essa gente esvaiu-se na União Soviética, e a pessoa desejosa de servi-la necessitaria procurá-la no exterior. Se examinarmos as coisas com os olhos do capitalismo, chegaremos à conclusão de que o traidor seria uma espécie de herói. Não precisamos inteligência para compreender esta coisa simples: lá fora, onde a luta de classe cada vez mais se acirra, o político, um boneco nas mãos do proprietário, não tem meio de rebelar-se ou ficar neutro, pois isto lhe ocasionaria a derrota; neste país, livre da questão milenária, o sujeito recebe um mandato e fica na dura contingência de ser honesto. Se admitimos esse infalível procedimento num deputado quirguiz ou siberiano, como pôr em dúvida o homem que, em mais de cinquenta anos de prodigiosa labuta, se transformou num símbolo nacional? No começo foram os perigos, a vida subterrânea, o cárcere, o degredo, horríveis sofrimentos e a certeza de conseguir viver bem afastando-se deles; em seguida a tarefa gigantesca, sem pausa, a construção deste mundo novo que visitamos com assombro.

Não admitimos nenhum culto a pessoas vivas, perfeitamente: a carne é falível, corruptível, inadequada à fabricação de estátuas. Mas não se trata de nenhum culto, suponho: esse tremendo condutor de povos não está imóvel, de nenhum modo se resigna à condição de estátua. Homens embotados, afeitos à corrupção e à fraude, percebemos isto: a massa tem confiança absoluta nele — e manifesta a confiança impondo-lhe a obrigação de admitir as ruidosas aclamações e os retratos. Esse dever torna-se em pouco tempo uma rotina desagradável. O prazer consiste em realizar a obra sem par na maior revolução da história; receber agradecimentos e louvores miúdos por isto é uma redução a que o grande homem se submete. Agradecimentos e louvores palpitam na alma da multidão, e recusá-los seria uma ofensa, um erro que nenhum político bisonho cometeria. Na opinião da senhora Nikolskaya, as coisas não poderiam ser de outro modo. Ela deve conhecer o seu povo.

Circula no Ocidente uma balela cretina: Stalin vive cercado por muros de ferro. Além da cortina que nos impede entrar na Polônia, na Checoslováquia, em todos os lugares onde se processam convulsões diabólicas, há em torno do Kremlin vários impedimentos metálicos. Para entrar lá, um indivíduo se sujeita a minuciosa revista; a correspondência é estudada com rigor pela química; e o chefe só dá um ar da sua graça no meio de automóveis blindados, repletos de canhões e metralhadoras. Ora, tanto quanto posso julgar, a defesa desse homem está confiada à multidão. A sua vida constitui um patrimônio valioso demais, e nem imaginam, creio, que alguém deseje atentar contra ela. As salvas de palmas, os vivas extensos, os retratos numerosos, todas as demonstrações infindáveis vistas e ouvidas, são uma prova do sentimento unânime do povo. Enfim não existe sinal das cautelas excessivas badaladas nas folhas cristãs.

Circunstâncias imprevisíveis e malucas me puseram a alguns passos da notável personagem. Não procurei isso, não me impelia nenhuma curiosidade. Bastava-me conhecer livros e feitos. Mas, no dia 1º de maio, inexplicavelmente, surgiu-me perto o autor dos livros e dos feitos. Enquanto, na Praça Vermelha, a catadupa humana rolava sem descontinuar, a minha amiga Cristina ofereceu-me um binóculo. Possuidor desse instrumento, na verdade bem ordinário, elevei-me à última plataforma da escadaria, junto à muralha do Kremlin, dirigi-me à esquerda. Um arco de metal, baixinho, proibiu-me claramente ir além. Transpus sem dificuldade o obstáculo exíguo e, vendo a infração impune, venci mais dois, cheguei ao fim da plataforma. Nessa altura enxerguei Stalin a poucos metros, subindo a escada estreita que se encosta ao monumento de Lênin. Com certeza acabava de tomar algum descanso, voltava à demorada obrigação oficial. Apesar de achar--se a pequena distância, aproximei-o com o binóculo de Cristina. Pareceu-me gordo e curvo, mas provavelmente a curvatura se devia à marcha em degraus. Um sujeito buscou interromper-me, falando muito, gesticulando.

— Não entendo. Sou estrangeiro.

Como agora a escada estava deserta, recuei, desarmei a vista, distingui em redor vários dos seres que a imprensa do meu país considera monstruosos, sanguinários. Essas horríveis criaturas não me comeram. Faltava-lhes na verdade aspecto canibalesco: eram rapazes indignados com o meu procedimento irregular, embora me fosse impossível distinguir a causa da irregularidade. O que me interpelara em vão julgou-me sem dúvida obtuso, ergueu os ombros e afastou-se. Desviei-me também, passei um dos arcos, tentei de novo aproximar as figuras condecoradas, visíveis no terraço. Outro indivíduo perigoso me abortou o desígnio, articulou uma palavra semelhante a *binóculo*. Bem. O mal não estava em conservar-me ali, mas em utilizar vidro de aumento.

Desci, emaranhando-me em cogitações. Que prejuízo o minúsculo objeto poderia causar? De fato, aqueles homens se contentavam com formalidades. Havia demora e rigor no exame dos passaportes; carimbos e selos estavam na regra. E se o detentor de um desses livrinhos fosse criatura mal-intencionada? Impossível remontar à origem deles. Entre milhares de indivíduos, um inimigo poderia ter conseguido, nos bastidores da política, o instrumento indispensável ao direito de achar-se ali na escadaria do Kremlin. Isto me parecia quase certo. Limitavam-se a ver papéis. Os meus, naquela manhã, tinham sido vistos e revistos diversas vezes. E não haviam procurado saber se eu conduzia uma arma. Se, nos postos policiais abundantes nas esquinas, me sondassem a roupa, o cinto, os bolsos, não me sentiria com razão de melindrar-me. Até me surpreendia não haverem feito isso. Porque afinal ninguém me conhecia. Perfeitamente razoável, sendo os meus intuitos indevassáveis, meterem-me as mãos nos bolsos. Nada disso. Uma confiança realmente inexplicável. Deixavam-me passar. E deixavam-me subir a escadaria, galgar as insignificantes barreiras de meio metro, avizinhar-me do homem que a burguesia odeia com razão. Stalin não vive numa toca, defendida por metralhadoras e canhões.

(Atlântico – 15 – Junho – 1952)

10

(Rio – 19 – Junho – 1952)

A SRA. Nikolskaya, interrompendo a minha conversa com Ferreira, um português moreno de fala mansa, que me pedia meia página sobre as festas de 1º de maio para a rádio de Moscou, veio lembrar-me a visita à casa de óptica. Bem. Sumia-se o pretexto com que, minutos antes, me eximira à incumbência chata de escrever. Os olhos, muitos dias em férias, vagabundos, não teriam meio de evitar os papéis, o tinteiro, os lápis e as canetas arrumados lá em cima, numa escrivaninha. Indispensável resignar-me à tarefa. Prometi a colaboração, despedi-me do português moreno e submeti-me à dificuldade séria de acompanhar a excelente mulher. Ainda me iludi com a esperança de entrar num carro. Viagem curta: desnecessário o automóvel.

A sra. Nikolskaya move-se com extraordinária rapidez. Elegante, aprumada, insensível ao frio, não se fatiga; avança; afasta-se da gente; as pernas, vigorosas em demasia, ignoram a existência de pernas menos vigorosas. Um vendaval bem--educado, amável e risonho. Enfim, paciência.

Mexi-me, andei bastante, em penoso reboque, evitei por milagre os veículos e, deitando a alma pela boca, entrei num estabelecimento, onde, por felicidade, havia cadeiras vagas. Tomei fôlego, aproximei-me do balcão. Algum tempo depois, num gabinete, olhando o quadro cheio de letras absurdas, confiava-me à perícia de uma velhinha magra e bicuda.

— Mme. Nikolskaya, por favor, diga a essa doutora que sou analfabeto.

Assim, nivelado às crianças, reduzi-me a atentar em pequenos círculos, dizer se as aberturas ficavam em cima, embaixo, à direita, à esquerda.

— Que língua é essa? — perguntou a oculista no fim do exame. — Nunca ouvi coisa parecida.

E, ouvindo falar na minha terra, observou-me um instante, como se eu fosse um bicho esquisito.

Na sala, esperando a minha vez de ser atendido, percebi entre os numerosos fregueses um sujeito de farda e condecorações. Leviano, dirigi-me a ele, falei na guerra, mas a tentativa de relacionar-me com a força vista de longe, a 1º de maio, teve péssimo efeito. O homem sobressaltou-se, fixou-me um olhar feroz, rugiu uma sílaba e deu-me as costas.

Esse procedimento não me ofendeu. Reconhecia-me indiscreto — e usara a indiscrição por dever de ofício. O meu desejo era omitir os discursos, as frases convenientes, as cortesias empregadas com exuberância pelos nossos hospedeiros. Envolviam-nos, desde a chegada, afirmações de paz, e algumas pessoas vacilavam, perguntavam se elas eram realmente sinceras. Podiam ser doses de morfina aplicáveis ao estrangeiro. Ficaríamos entorpecidos, regressaríamos docemente embalados, e ao cabo de alguns meses os telegramas nos anunciariam a catástrofe. Sem dúvida o naufrágio do capitalismo: as consequências das últimas conflagrações firmavam-lhes esta ideia. Assim, na distante América, julgavam incongruentes as manifestações pacíficas expostas ao mundo ocidental. As palavras repetidas lá fora divergiriam talvez das pronunciadas aqui. Nenhuma discordância percebiam, mas ainda estavam indecisas: os indivíduos que nos cercavam, nos automóveis e no hotel Savoy, escamoteavam possivelmente a verdade, representariam de alguma forma a cortina de ferro tantas vezes mencionada nos jornais da burguesia.

Não me importunavam tais reflexões. Achava-me efetivamente certo de que a guerra abreviaria a ruína do proprietário. Mas, de qualquer jeito, ele estava perdido; hoje ou amanhã se enterraria — e era doidice obter por elevado preço uma vitória infalível. Os patrões viveriam mais alguns anos, e entrariam suavemente na cova. Para que violências? Este juízo levava-me a aceitar sem dificuldade as opiniões vigentes na superfície onde me colocavam. Mas o desejo me vinha de entender-me com figuras anônimas, tentar adivinhar-lhes o pensamento. Diligenciaria fazer-me compreender utilizando fragmentos de línguas estrangeiras — e um olhar, um gesto, me revelariam de chofre coisas íntimas.

Que haveria nos miolos dos rijos militares vistos, a 1º de maio, na Praça Vermelha? A experiência me causou surpresa. Ao interrogar um desconhecido, arriscava-me a não alcançar resposta. Considerando-me impertinente, com razão, o homem levantaria os ombros, guardaria silêncio. Natural. Esperei isso, no pior dos casos. E a pergunta ocasionava indignação e raiva. Esquisito. Não me referira a uma luta possível, mas ao conflito passado, manifesto nas condecorações expostas na farda vistosa do oficial. Oficial do Exército, com certeza. A alusão inconsiderada ao fato que lhe trouxera as insígnias não lhe dava prejuízo. Afinal a minha inconveniência podia até significar o intuito de ser agradável. Resumo: nariz torcido, cólera, violência interior.

Não me feria nenhuma ofensa, claro. Resignava-me a ser mal recebido. Assustava-me, porém, aquela fúria rápida como um relâmpago. Necessário refletir, arrumar discrepâncias. Por enquanto, espairecer, não me sobrecarregar com problemas difíceis. Como diabo um sujeito desenvolvido no quartel se zanga porque falamos em barulho? Não é a profissão deles? Avizinhei-me do balcão, experimentei os óculos:

— Mme. Nikolskaya, faça-me o obséquio de perguntar a essa gente se posso pagar com dinheiro francês ou brasileiro. Não tenho rublos.

A ótima senhora, sem fazer a consulta, jogou-me a expressão já bastante conhecida:

— Vou resolver o assunto.

(Rio – 20 – Junho – 1952)

11

(21 – Junho – 1952)

As irmãs Volia e Satva Brandão, residentes em Moscou, foram visitar-me, e, em paga, estive em casa delas, apartamento exíguo num sexto andar. Além das duas, vive lá Zarem, casado com Satva. Esse rapaz embrenhou-se no português; para habituar-se à língua, iniciou a tradução de um dos meus livros com o auxílio da mulher. Achou, porém, dificuldades. Ao avistar-se comigo, apresentou-me um caderno onde registrou numerosas dúvidas. Satva pretendera esclarecê-lo; tinha-se embrulhado também, e ali no sofá, percebendo-lhe um erro, Zarem ria, asseverando loquaz haver acertado. Parece criança, uma robusta criança de vinte e poucos anos. Isto me aproximou dele. Não o desiludi com a afirmação razoável de que o livro não seria publicado. Zarem pensa de maneira diferente. Para convencer-se, datilografou meia dúzia de capítulos, ofereceu-os a dez amigos, que representam a média dos leitores, e reuniu cuidadoso as opiniões deles. O resultado não foi desfavorável. Apesar de algumas críticas, intempestivas no meu juízo, o tradutor exibe otimismo.

No sofá, aperreado com a sintaxe, buscando a significação exata de uma palavra, escurecia-se às vezes, fazia-me consultas embaraçosas. Por que era que eu havia escrito de uma forma e não de outra? Alguém não achava regular o comportamento de uma personagem. Essas rabugices de pessoas remotas, diversas da minha gente, alarmavam-me. Paciência. Tentando explicar-me, deixei provavelmente algumas perguntas sem respostas. Que importavam essas coisas miúdas, casos vagos de uma região quase deserta do Brasil? Disfarcei a surpresa e o enfado. Não me habituei às exigências do público, embora lhe reconheça o direito de recusar a mercadoria que exponho. Uma senhora magra e um perneta moço vieram falar ao telefone, e abandonamos a literatura brasileira.

— Estragos da guerra — murmurei quando eles se retiraram.

Isso mesmo. Três rapazes da vizinhança. Um voltou sem braço, outro voltou sem perna, o terceiro morreu, e a mãe, ao cabo de alguns meses, desapareceu também. O que ali estivera, arrimado à muleta, casara com a mulher magra, dançarina. Chocou-me o desajustamento. Sumiu-se a alegria de Zarem, num instante a gravidade lhe deu aparência de velho. E as nuvens espalhadas no rosto das minhas amigas acentuaram-se. Puxei a conversa para lembranças das misérias ainda recentes, mas fui importuno, sem dúvida: satisfizeram-me a curiosidade com palavras melancólicas e constrangidas. Esforço enorme, pessoas débeis a cavar trincheiras, gastar sangue e nervo em trabalhos horríveis, e ausência de repouso. Frio, sono e fome. Um pedaço de pão negro e um pouco de água quente. Necessário afastar essas duras recordações; deter-se alguém nelas é revolver chagas profundas. Cicatrizou a superfície, mas a carne se rasga às vezes lá dentro, e desazados provocamos isso, excitamos dores apenas adormecidas. Vieram-me ao espírito o gesto, o olhar, a aspereza do oficial na casa de óptica. Chegamos curiosos, aludimos à terrível carnagem como se dezessete milhões de vítimas não fossem criaturas humanas. Desejamos, na verdade, com a referência leviana, renovar a estupidez lá fora repetida em excesso: "Estão dispostos a fazer outra guerra?" Nem admitem que se fale na passada, querem de fato esquecê-la. Urge desviar fantasmas, pensar noutras coisas. Satva pensou no trabalho que a esperava na rádio de Moscou e lá foi para a obrigação.

À mesa, diante do café, a sombra do vizinho mutilado perseguia-me. E estavam ali bem visíveis a rudeza e a cólera do oficial visto na casa de óptica. Doidice imaginar que as condecorações tragam vaidade a quem saiu do inferno. E ainda queremos saber se alguém deseja tornar a ele. Ao cair da noite, no caminho do hotel, uma ideia renitente afligiu-me: numerosas pessoas na multidão usavam membros artificiais. Busquei recompor-me dirigindo-me à toa à moça que me guiava no labirinto das ruas:

— Volia, por que é que você não casa?

Muito fácil: é bonita, instruída, recebe ordenado razoável como professora de Física. Ela, a irmã e o cunhado ganham cinco ou seis mil rublos por mês. E casa, luz, água e telefone custam-lhes apenas cem rublos.

— Impossível, camarada — respondeu Volia, triste. — Poucos homens hoje poderiam casar comigo. Os que existem são muito novos ou muito velhos para mim.

A referência amarga ao sacrifício de uma geração arrepiou-me:

— Volia, você tem horror aos alemães?

A professora de Física hesitou, conservou-se um minuto em silêncio:

— Não, camarada. É preciso não responsabilizar toda a gente.

— E que me diz você de um povo que admite um governo como aquele? Sujeitos ótimos quando apanham, mas se estão em cima, é o que se viu: fornos crematórios, câmaras de gases, vivissecção em criaturas humanas. Afinal o genocídio. Que acha?

Andamos algum tempo, estacamos esperando uma abertura entre os carros vagarosos. De repente a minha amiga falou, desviando-se um pouco da pergunta desagradável:

— Não entendo bem a alma russa. Vivo neste país desde criança — e não chego a entendê-la. Assisti, depois da vitória, ao desfile de prisioneiros. Bambos, doentes, os pés envolvidos em trapos, não me causavam pena. E mulheres velhas comoviam-se: "Pobrezinhos." Tinham esquecido as misérias recentes. Nem supunham que entre aqueles pobrezinhos estavam talvez os assassinos de seus filhos.

(24 – Junho – 1952)

12

(25 – Junho – 1952)

Três vezes por semana uma comprida fila se torce na rua, desemboca na Praça Vermelha, avizinha-se do Kremlin, paciente e vagarosa, entra no túmulo de Lênin. Essa a que nos incorporamos devia ter uns dois quilômetros. Pouco mais ou menos. Por aí. É uma procissão a que os moscovitas se habituaram, como se cumprissem um dever. Estranhamos não se haverem cansado, repetir-se há mais de vinte anos a marcha regular, monótona. Longas horas avançam, fazem lembrar os pingos lentos de uma torneira meio aberta, e a extensa linha não se reduz, novos contingentes chegam sempre, o filete escorre até que o fim da visita se aproxima.

Deteve-se alguns minutos por nossa causa. Em vez de levar-nos à retaguarda, forçar-nos à espera razoável, guiaram-nos à entrada baixa do monumento; um rápido cochicho fez o cortejo abrir-se, e nele nos intercalamos como intrusos. Chocou-me essa ofensa ao direito alheio: melhor seria colocar-me na extremidade e aguardar a minha vez. Encolhi-me, vexado. Que teriam dito em segredo àquela gente? Qualquer coisa semelhante a ordem me afligiria. Sosseguei. Uma senhora, perto, sorriu; outros indivíduos sorriram, cumprimentaram. A amabilidade imprevista e a voz do intérprete desfizeram-me as últimas nuvens. Não houvera no caso intervenção da polícia. Os gentis desconhecidos, sabendo-nos estrangeiros, atendiam pressurosos ao rápido murmúrio e ofereciam-nos espontaneamente os seus lugares. Outros sussurros se comunicariam às pessoas afastadas, num momento se explicaria o motivo da interrupção.

Esperando que os meus companheiros se insinuassem na abertura, lancei a vista aos anéis da cadeia imóvel, semelhante a um bicho decapitado, a cauda invisível, para lá da Praça Vermelha. Nenhum sinal de enfado percebi. Entramos, pouco a pouco nos adiantamos numa galeria, descemos vários degraus à direita, chegamos à cripta onde Lênin dorme num catafalco de mármore negro. Parece realmente dormir. Retardando o passo, recuamos no tempo, alcançamos os dias terríveis de Smolni: a fadiga atirou o gigante por algumas horas ao chão; vai levantar-se e prosseguir na tarefa imensa. A fisionomia tranquila. Impossível admitir num cadáver tal expressão. Será na verdade múmia? Não distinguimos rugas, imaginamos o sangue forte a circular sob a pele corada. Provavelmente essa cor de vida é efeito da luz que banha a sala. A mão direita se abandona, fechada, sobre a coxa; a mão esquerda, aberta, reforça a palavra esmorecida nos lábios, temporariamente. Os lábios vão descerrar-se, ler pela segunda vez as teses lidas em 1917, em cima de um carro blindado; as mãos poderosas vão mover--se, fabricar um mundo. Essa ideia não me deixa; assombra-me a imortalidade exposta ali perto, no catafalco de mármore negro. Coisa estranha achar-se de repente o homem comum, insignificância das ruas, na presença de um demiurgo. Falta, entretanto, a esse formidável criador a aparência olímpica das estátuas. À escultura será difícil arranjar-lhe majestade no metal ou na pedra. Exteriormente, um indivíduo normal. Não difere muito de nós — e é talvez o que nos arrasta, nos dá a ilusão de não sermos demasiado pequenos. O gênio conserva-se nos museus, nas bibliotecas, na história. Ali a dois passos, no mármore negro, surge-nos um trabalhador em repouso — e andamos com pés de lã para não perturbar-lhe o sono. Criatura vulgar, como os transeuntes que nos abalroam na multidão. Aumentam esse engano o diminuto físico e a roupa ordinária, calça e paletó iguais aos nossos, mais simples que os nossos. Uma certeza absurda me domina: os panos foram cortados e cosidos à toa, por alfaiate bisonho, adaptam-se mal ao corpo ali estendido. Há um desleixo proposital na arrumação: cada prega foi disposta, sem dúvida, com arte e demora. Sob uma colcha ou manta escura, as pernas desaparecem. E, no frio intenso da manhã, um agasalho envolve o pescoço, o indispensável cachenê reproduzido longamente em fotografias. Deslocamo-nos em fundo silêncio na penumbra da sala; o pequeno cemitério se povoou de fantasmas. A ideia insensata de que a figura embalsamada ainda vive é substituída por outra doidice: estamos insensíveis, deixamos de respirar, formamos um cortejo de mortos. Ao descer a escada, a linha adianta-se alguns metros, curva-se, avizinha-se de outra escada, mas essa viagem curta é ronceira demais; os movimentos se tornaram quase imperceptíveis. Os olhos arregalam-se, buscam não perder minúcia, esforçam-se por guardar a imagem que nos domina. A preguiçosa marcha leva-me à saída, e espero ver os degraus afastarem-se, prolongar-se a contemplação; pestanejar significaria para nós prejuízo de um fragmento de segundo. Caminho de costas, imagino um intenso clarão sob as pálpebras caídas: não quero admitir que ele se tenha apagado.

Bem. Agora o magnetismo cessou, podemos mexer-nos entre canteiros, no jardim do Kremlin. Realmente não são canteiros: são alegres sepulturas que a primavera enfeita e asas leves animam. Vários bustos nos provocam recordações: envoltos em densas mortalhas de flores, jazem velhos conhecidos nossos. Na muralha da fortaleza, placas nos dizem onde se depositaram cinzas preciosas. Lá estão as de Gorki, Sverdlov, Kalinin, as de John Reed, o jornalista americano autor da célebre reportagem sobre os "dez dias que abalaram o mundo". Esse nome nos enche de sentimentos bons. Perigoso entregar-nos a generalizações feitas à pressa. Nem toda a gente na América deseja aniquilar a humanidade com bombas atômicas e bactérias. Não vamos responsabilizar duzentos milhões de indivíduos, oito milhões e meio de quilômetros quadrados, porque um oficial de instinto ruim tentou furtar uma estatueta amarela no hotel Savoy.

(29 – Junho – 1952)

13

(30 – Junho – 1952)

A o sair do vestiário, achei o saguão do teatro Bolshoi completamente cheio das pessoas ruidosas que pouco antes aplaudiam com furor *A papoula vermelha*. Enxerguei longe os companheiros na multidão, avizinhei-me deles; afastaram-se, e, chegando ao pórtico, não vi rasto de nenhum. Andei a farejá--los, receando que a minha ausência os inquietasse. A fila de brasileiros tinha-se evaporado. Conservei-me ali uns dez minutos, examinando as caras, em vão. A turba escasseava, e no rumor decrescente não distingui uma palavra conhecida. Retalhos de frases davam-me a curiosa sensação de me haver tornado surdo. Os sons escorregavam-me confusos nos ouvidos inúteis.

    Retirei-me, fui até o fim da praça, a observar os grupos que se dissolviam levando os restos da *Papoula vermelha*; atravessei a faixa, parei na esquina, indeciso. Como diabo se chamava aquela avenida? Terra maluca, onde avenida tem o nome de perspectiva. Encaminhei-me de novo ao teatro, agora escuro e fechado. Ninguém para lá das oito colunas respeitáveis. Dirigi--me ao hotel.

Não me seria difícil orientar-me, e agradava-me ficar livre de guias e intérpretes, caminhar nas ruas só, errando, acertando, fora do carreiro de formigas, habitual desde a nossa chegada. Barbantes invisíveis nos amarravam pernas e braços, e as amabilidades excessivas começavam a pesar-me; aceitá-las parecia-me às vezes obrigação penosa. É estranho confessarmos tal coisa: não nos habituamos a gentilezas: duvidamos delas e com frequência nem as percebemos, julgamos que são endereçadas a outros indivíduos. O afastamento de cerimônias e cortesias surge-nos como libertação. Bom termos ensejo de quebrar a cabeça movendo-nos à toa, para cima e para baixo, procurando caminho.

Avancei, enrolei o pescoço, defendi-me da friagem da meia-noite. Algumas quadras adiante, à esquerda, uma tabuleta me chamaria ao jantar e à cama. Não vi a tabuleta. O desgraçado costume de olhar o chão desviou-me, e ao cabo de meia hora encontrava-me longe, desnorteado, atentando nas figuras que transitavam no passeio, com a esperança de avistar uma personagem de Tolstoi. Ela me daria a informação necessária. Ainda existiria essa gente na sociedade nova? Com certeza. As personagens de Tolstoi vivem demais, têm fôlego de sete gatos. A ideia esquisita me fazia rir, prolongava a marcha na calçada. Regressei: Kaluguin e a sra. Nikolskaya deviam preocupar-se com a minha ausência: mediam responsabilidades enquanto me agitava como um vagabundo, à procura de outros vagabundos, impressos há muitos anos. Um homem de farda, importante pelo jeito, passou em companhia de duas mulheres.

— Faz o favor de me dizer onde fica o hotel Savoy?

O sujeito nem se virou. Renovei a pergunta: o mesmo resultado. Pensei no oficial da casa de óptica. Puxa! Que brutalidade!

Economia de palavras. Se me fosse entregar a generalizações fáceis de viajantes levianos, inclinar-me-ia a afirmar que todos os militares são grosseiros. Com reparos semelhantes fazem-se livros copiosos. Dois encontros — e o hóspede forma juízo, disserta. O segundo transeunte desmanchou a impressão molesta.

— Faz o favor de me dizer onde fica o hotel Savoy?

Era um tipo idoso, meio-termo na roupa e nos modos.

— O hotel Savoy? Perfeitamente — respondeu-me em francês de Paris, o que entendo, mais ou menos.

E forneceu-me a indicação precisa, com minúcias. Bem. Desculpei interiormente o oficial mudo, visto pouco antes a rebocar duas mulheres. Não é razoável esperarmos que a primeira pessoa a quem nos dirigimos na rua saiba francês. Um guarda solícito corroborou o efeito produzido pelo vivente maduro, de trajo simples. Agora, obliterada a lembrança do homem taciturno, a generalização me arrastaria a dizer que todos os moscovitas são corteses. O guarda não me compreendeu, naturalmente. Mas, ouvindo-me falar em Savoy, empertigou-se, fez a continência e reproduziu, em linguagem mímica, o roteiro exposto em francês parisiense. Muito agradecido. Evidentemente os guardas em Moscou são, todos eles, criaturas bem-educadas e revelam nos gestos excessiva inteligência.

Minutos depois arremessava-me no hotel, subia a escada onde, no fim do primeiro lanço, a exígua Vênus amarela nos conta em silêncio uma história indecente. Se fôssemos generalizar? A experiência de nomadismo não terminara. Deixei a mesa ali pela vizinhança da madrugada. Aquelas refeições noturnas, longas, perturbavam-me os hábitos, roubavam-me o sono. Recolhi-me, tentei sossegar, debalde: as portas duplas e os cobertores espessos, inacreditavelmente espessos, elevavam a temperatura. Uma insônia dos diabos. Levantei-me. E, barbeado, lavado, arrumado para sair, embrenhei-me no caderno de notas esquecido na gaveta. Indispensável não desperdiçar um minuto. Resolução malograda: o pensamento fugia, agarrava-se à *Papoula vermelha*. Retirei-me, desci, entrei no salão.

Cinco horas. Arrependi-me de incomodar alguns funcionários enroscados nos divãs. Cheguei-me aos vidros: qualquer coisa imprecisa me chamava à rua. O porteiro mexeu-se, levantou-se, moveu a chave, pôs-me delicadamente no exterior. Com os demônios! Uma navalha fria golpeou-me o rosto. Groenlândia. Estupidez largar-me à toa, sem resguardo, o pescoço descoberto. Raras pessoas surgiam, mãos deformadas em luvas enormes, pernas muito grossas em botas altas: pareciam doentes de erisipela. Homem dos trópicos, arriscava-me a andar entre esquimós. Agora me aparecia a razão da estupidez volumosa. De que jeito me havia desencaminhado? Fui ao teatro Bolshoi, regressei, desviei-me do hotel, avancei um quilômetro ou mais, detendo-me nos lugares percorridos à noite. Ali na esquina um guarda atencioso se desdobrara em gestos largos, de abundância educada. Cem metros adiante uma figura esquiva parara um momento, exibira-se, meã na idade e no traje, revelara-se útil e cortês, em língua cristã. E ali, naquele ponto, um vivente soberbo desprezara a minha ignorância.

Obtidos esses farrapos de noções, era bom meter-me em casa. Faltavam-me o nariz, as orelhas e os dedos. Tentei recuperá-los introduzindo as mãos nos bolsos, erguendo e fechando a gola. Mas a insensibilidade permanecia. Em redor, o número de esquimós aumentava. Alonguei a marcha doida, que me levaria ao Polo Norte, sem dúvida. Pontas de alfinetes feriam-me os olhos fracos, arrancavam-me lágrimas, e através de uma densa neblina vultos encapuzados, embiocados, mexiam-se como sombras.

Por que não me resolvia a deitar-me, aquecer-me? Que esperava? Bem. Aquilo, exatamente aquilo. O homem deu um passo, murmurou uma palavra, sorrindo. Era ele. Demorara-me a procurá-lo, sem saber que o procurava. Era um mujique, certamente. Ignorava onde o vira, mas conhecia bem aquele sorriso, as pálpebras engelhadas. Desde a véspera estivera a buscá-lo na multidão; fora ele possivelmente que me desviara dos brasileiros, no saguão do teatro. Onde vira aquelas rugas, aquele sorriso? No *Cadáver vivo*, talvez. Não, devia ser o criado paciente de Ivan Ilitch. Entrara-me nos miolos pouco além do Bolshoi, misturado a outras personagens de ficção, esvaíra-se — e trouxera-me ao ar gelado, cortante, da Groenlândia. O sorriso imóvel, pregas nos cantos dos olhos. Como se chamava aquele homem? O sorriso nos lábios murchos, nas pálpebras murchas, uma exigência no braço estirado:

— Papiross.

Dei-lhe a caixa de fósforos. Enganei-me.

— Papiross — rosnou a criatura levando os dedos à boca, onde o sorriso murchava.

Bem. Julguei compreender. E restituí-lhe os cigarros, pagos pela Voks, por ele. Tirou apenas um, ofereceu-me o resto.

— Obrigado.

Percorri mais dois quarteirões. Por que me achava ali, pés e mãos insensíveis, gelo a empedernir-me as orelhas e o nariz, um choro álgido a empanar-me a vista? Recuei, enxugando as lágrimas. Ia trancar-me, restabelecer a circulação nos membros alheados, sair do frigorífico. Arrastei-me ao Savoy. A personagem de romance apareceu de novo, numa alegria ingênua e baça, chupou o cigarro, atirou-me um agradecimento largo. Enchi-me de receio. Estaria com febre? Necessário consultar um médico.

(2 – Julho – 1952)

14

(3 – Julho – 1952)

A Voks nos ofereceu uma recepção. Devo recuar, dizer honestamente que isto é eufemismo e encerra vaidade. A recepção, tremenda, não poderia de nenhum jeito proporcionar-se a dezoito brasileiros mais ou menos anônimos; os dirigentes da formidável organização tentacular perceberiam de modo vago a nossa precária existência. Haviam sido amáveis conosco dias antes, mas isto era formalidade. As cerimônias, os discursos, afastavam-se — éramos insignificâncias perdidas entre pessoas de sessenta países. E ali, derramados no prédio imenso, de limites imprecisos, quase nos pulverizávamos. Contudo, não nos sentíamos abandonados na multidão heterogênea, a ouvir dezenas de línguas. Os hospedeiros singulares convenciam-nos, por meios estranhos, de que estávamos em nossa casa. À vontade, nenhum constrangimento, éramos donos.

Sentados à mesa infindável, bebíamos, fumávamos. A mesa era nossa; e os cigarros, os fósforos, as garrafas de vinho, eram também nossos. Muito fácil habituar-se a gente a isso; ruim é desabituar-se. Mas não queremos pensar em coisas tristes. Vinho magnífico. Línguas incompreensíveis. Enfim ninguém nos força a bebê-las. Sessenta países. E nesses retalhos de geografia — almas diversas da nossa, pensamentos diversos. Sul-americanos estão ali, próximos, afastados. Impossíveis os confrontos. Filhos da Índia e do Paquistão, visíveis desde Praga, italianos, húngaros, a sarabanda internacional, figuras vistas de relance, chineses bem-educados, duzentos e vinte chineses terrivelmente bem-educados. Nem falam, para não incomodar os vizinhos. Mexem-se como sombras e zumbem como insetos. Nós, brasileiros, não temos educação. Gritamos, buscamos debates, nacionalmente. É uma felicidade não nos entenderem nas outras mesas. Não dizemos coisas aproveitáveis. Mesas largas, de tamanho incrível, e em redor delas criaturas universais. Quantas línguas? Só na União Soviética mais de cem. Difícil entender-nos com esses viventes de outros mundos. Difícil: às vezes os nossos companheiros, nascidos no Brasil, acham nas nossas palavras sentido oposto ao que elas exprimem. Necessário recorrer aos intérpretes. Conseguirão talvez, desprevenidos, esmiuçar-nos o interior, desentranhar as nossas ideias.

Na turba imponderável, multicor, não nos dissolvemos. Somos partículas ínfimas. De repente nos elevamos: explicam-nos, de maneira inexplicável, que temos significação. Um homem da raça longínqua abeira-se de nós, acomoda-se, enche o copo, acende um cigarro, puxa conversa. Entende-nos perfeitamente, conhece a nossa terra como se tivesse vivido sempre lá. Quando mal nos precatamos, deixa os assuntos gerais, atira-nos de chofre um caso particular, miudeza referente a nós, a que ninguém deu importância e esquecemos, é claro. Isso nos surpreende e confunde: engolimos em seco, desejamos afastar a impertinência — e encabulamos, tentamos falar em coisas sérias. Mas a referência amável foi lançada ingenuamente numa brecha aberta na palestra — e nem supomos estar na presença de um artista. Chegam-nos dúvidas. Teremos dito, anos atrás, alguma frase de valor não entendida pelos nossos conterrâneos? Afinal não somos tão chinfrins como julgávamos. Oferecem-nos esta ilusão. A migalha pensa ter crescido um pouco. Ilusão. Necessário entrar na realidade. Loucura imaginar que alguém, distante do Rio, a oitenta graus de longitude leste, se haja preocupado com as nossas pequeninas vidas. Que se deu? Estamos na presença de um organismo singular. Antes de entrar neste país, fomos estudados, virados pelo avesso. Examinaram-se os nossos atos com vidro de aumento — e por isso a criatura delicada, a fumar e a beber conosco, tem recurso para sensibilizar-nos com um elogio discreto lançado inadvertidamente, na aparência.

Embasbacamos, no aglomerado enorme de convivas; uma ideia esquisita nos verruma: existem na sala indivíduos capazes de referir-se ao procedimento de cada chinês, de cada hindu. A gentileza excessiva arrasta-nos a essa conclusão; enche-nos de assombro. Queremos resguardar-nos. Para que, se nos conhecem tão bem? Melhor não esconder nada, afirmar-nos honestamente. Isso não nos ocasionará desvantagem, ninguém buscará torcer--nos. Se fizermos tolice, fingirão achar graça no disparate. Não se comportam como as pessoas educadas no hemisfério ocidental. Nenhum deles põe as botas em cima da mesa, junto aos pratos. Julgam que isso desagrada as visitas. Esforçam-se por contentar--nos. Esses inimigos ferozes da democracia, horríveis adversários da propriedade, acatam a nossa propriedade — escassas ideias ou fazenda escassa.

Fazemos-lhes perguntas inofensivas. Ponderam, tergiversam, não querem de nenhum modo impor-nos o seu juízo. Antes de responder, observam-nos com demora: é natural que, vivendo em meios diversos, apresentemos divergências. Não pretendem uniformizar as pessoas. Qualquer tentativa de mudar-nos significaria extorsão. Evitam bulir em pontos duvidosos, origem de possíveis discórdias; sondam-nos pacientes; não omitem nenhum gesto; fazem-nos admitir que nos consideram frágeis e receiam quebrar-nos. O exagerado respeito aos nossos bens, físicos ou imateriais, é às vezes pueril. Para acender o cigarro, tiramos do bolso uma caixa de fósforos, deixamo-la perto do cinzeiro. Não vamos guardá-la, está visto. À saída, longe da mesa, alguém nos toca o ombro e restitui a caixa de fósforos.

Foi o que me sucedeu naquela noite, ao dirigir-me à sala onde a Voks nos oferecia uma representação. Na casa imensa havia um teatro, já se vê: em toda a parte nos exibem atores e dançarinos, gente ilustre, a melhor do mundo, na opinião das competências. Não havia agora apenas uma exposição de arte cênica. Pedaços de óperas. Um D. Basílio, diferente dos nossos conhecidos italianos e franceses, nos dava a *Calúnia* em russo. Quatro figuras executavam, de cócoras, um malabarismo dos diabos que algumas vezes nos aparece no cinema. Com uma perna erguida, giravam como piões, e, embora as víssemos, achávamos impossíveis os giros vertiginosos na posição incômoda. Pareciam fantoches. Difícil admitir que alguém pudesse equilibrar-se em semelhante postura. A dança esquisita exigia esforço horrível. Com certeza aqueles homens, assim peritos e mecânicos, deviam passar a vida no exercício, a repetir os movimentos absurdos. Depois de longas piruetas, circulavam rápidos o palco, saíam, cada um desmanchando-se em cabriolas originais: as criaturas singulares divergiam muito umas das outras. Na aparência, as pernas não aguentavam peso: arrastavam-se bambas, desconjuntavam-se flácidas, membros de borracha. Um sujeito apareceu, de mangas arregaçadas, a fumar. Jogou fora o cigarro, soprou uma baforada, estirou a mão e retirou da fumaça outro cigarro aceso. Arrojou-o para longe, forneceu-se de novo na fumaça, e renovou o procedimento uma dúzia de vezes. As baganas espalhavam-se no chão, visíveis — e o bruxo a apanhar cigarros acesos na tabacaria vaporosa. Realizou diversos milagres desse gênero. Trouxe afinal um aparelho de rádio, enorme, que entrou a funcionar em cima de hastes metálicas e foi coberto com um lenço obtido no ar. A música enfraqueceu, parou. O feiticeiro puxou o lenço: não havia nada sobre as varas de metal. Ergui-me receoso. Apesar de achar-me no fim da plateia, examinei os bolsos, apreensivo. Escamotear um aparelho de rádio é com efeito proeza considerável. Felizmente não me havia mexido na carteira.

    No amplo refeitório, cheguei-me a uma das amplas mesas, enchi um cálice de vodka para varrer do espírito as maquinações diabólicas. Um moscovita de bons propósitos quis arrancar-me da mão o veneno e aconselhou-me loquaz a tomar vinho, coisa fácil de entender, pois esta bebida em russo é como em português, com uma letra de menos. Para convencer-me, bebeu uma garrafa ou duas. Não querendo ser grosseiro, resolvi seguir-lhe o exemplo, depois da vodka.

(7 – Julho – 1952)

15

(16 – Julho – 1952)

Vemos da rua uma pequena ladeira além do portão. Vencidos esses dois obstáculos, invencíveis no decurso de muitos anos, pisamos o núcleo de Moscou, a cidadela venerável exposta de longe ao mundo com júbilo ou furor, conforme as circunstâncias. Sim, senhores. Estamos dentro dela — e as pedras santas das muralhas não caíram em cima de nós para esmagar-nos, estorvar a profanação.

É verdade: miseráveis sapatos americanos, brasileiros, pezunham na terra sagrada por diversas razões. Estamos no Kremlin. Isso mesmo. Volia me havia dito que os guias aqui são professores. Bem. No largo pátio, a moça disposta a exibir-nos história e dificuldade é uma professora. Aluno chinfrim, seguro o lápis e o caderno, abro os olhos e os ouvidos, quero aprender.

A moça nos leva a um canhão fundido em 1580, salvo erro. Defesa do castelo em tempos idos, tem cinco metros de cabo a rabo, pesa quarenta mil quilos. Algumas balas redondas se aninham perto, enormes ovos de ferro; uns oitenta centímetros de calibre, mais ou menos, e cada uma tem duas toneladas. A pequena distância dessa arma física, surge-nos arma espiritual: um sino de bronze e prata. Ao sair da fundição, caiu num poço, rebentou e ficou mergulhado cento e cinquenta anos. Pesa duzentas toneladas, e o pedaço que se deslocou orça por duas. Próximo, oito ou dez igrejas. Conduzem-nos à da Assunção, onde os reis se coroavam. É do século XV e nestes últimos anos foi restaurada. Afrescos, telas, ícones. Napoleão furtou ali abundância de metal precioso. Onde estão as esculturas? Dizem-me que nos templos ortodoxos não há esculturas. Ao examinar os túmulos dos patriarcas, dou com os olhos no chão de ladrilhos tirantes a vermelho, desiguais. De que seria feito o admirável pavimento? De ágata, explicam-me. Andamos noutros refúgios de religião, transformados em museus, vemos riquezas semelhantes às do primeiro, ouvimos datas, noções peregrinas, toda uma santa arqueologia que a revolução guardou com zelo piedoso.

 Agora estamos no grande palácio do Kremlin, residência da família imperial, substituída pelo Soviete Supremo da URSS. A sala das sessões, moderna, de 1934, é enorme, protegida por uma grande estátua de Lênin. As cadeiras estão cobertas de lona. Ao fundo, junto à mesa da presidência, achamos uma sem capa: quiseram mostrar-nos como se acomoda para trabalhar um deputado soviético. Saímos, andamos à toa, vendo coisas que se perdem num instante. Poucas nos ficam na lembrança. Uma pintura distante nos chama a atenção. Subimos uma escada. O quadro aumenta, ocupa o muro: Alexandre III recebe os alcaides da província. Uma câmara, ponto de reuniões solenes, só para homens: a czarina e as princesas, de fora, olhavam por uma janela. O gabinete de Sua Majestade. O trono. Uma sala de jantar com vidraças de mica. Um dormitório. Dizem-nos, com rigor, a idade da cama. Sala de S. Vladimir. Sala de S. Jorge. Nas paredes de mármore os nomes dos regimentos condecorados com a ordem militar deste santo. Colunas. Pavimentos magníficos. Lustres. Aquele pesa mil e trezentos quilos. Estiramos o beiço com surpresa. Capelas. Ícones, cruzes de enorme valia para as necessidades religiosas do soberano. O Deus dele não podia equiparar-se ao Deus existente na Catedral de S. Basílio, fora do Kremlin. Sala dos divãs, sala azul de repouso, sala de visitas. Nesta peça engordava a imperatriz: mobília francesa feita em Moscou. Adiante. Um relógio complicadíssimo: a hora, o dia, o mês, o ano, a fase da lua etc. Porcelanas de S. Petersburgo, mesas inqualificáveis. Subimos, descemos andares. Onde estamos? Na confusão de pátios, corredores, salas forradas de seda, cheias de móveis complexos, vasos incríveis, com certeza vamos de um palácio a outro, e nem percebemos isto. Sem dúvida estou a misturar alguns. Juntaram-se, como as partes de S. Basílio; não é uma igreja: é uma confederação de igrejas.

    Achamo-nos enfim no exterior, livres, vendo o sol, não o do relógio, mas este sol verdadeiro que Nosso Senhor, ou alguém por ele, nos deu. Respiramos, com dor de cabeça. Descansaremos dentro em pouco. Beberemos um cálice de vodka, entraremos na vida fácil e comum. Ilusão. Agora é que a dor de cabeça vai aumentar.

    Levam-nos a um dos mais velhos museus da Rússia e impingem-nos um catálogo erudito. Paciência. O jeito que temos é copiar o que nos ensinam. Se não copiarmos direito, prejuízo para o leitor. Pregamos o nariz no caderno — e os lugares, as coisas, nos escapam. Uma desgraça não sabermos estenografia.

Paciência. Trono de marfim, assento de Ivan o Terrível. Trono persa, de ouro e turquesas, presente do xá a Boris Gudunov. Trono de ouro e prata lavrada, com marchetaria de brilhantes. Naquele trono duplo sentavam-se dois czares miúdos; não falavam direito e papagueavam as gravidades que os conselheiros murmuravam por detrás de uma cortina. Cetros de ouro, cetro de osso de peixe. Rendas de ouro, chapéus de ouro, colares de ouro. Vamos andando. Coroas. Não temos tempo de escrever o nome dos imperadores. Jaez de imensa riqueza oferecido pelo sultão. Os arreios dos cavalos de Catarina — ouro, diamante etc. Ferraduras, gamelas de prata. Carruagens, trenós. Essas viaturas arcaicas tomam grande espaço. Devia ser um suplício viajar nelas. Insígnias do Império, insígnias estrangeiras. Águias de marfim, biombos de seda. Em cada metro daquela renda há um quilo de prata. E certa rainha, Ana ou Isabel, não sei, possuía quinze mil vestidos. Armas antigas, armas de fogo. Troféus da batalha de Poltava. Em vitrinas enormes, animais de gesso ou empalhados, manequins vestidos de armaduras e cotas de malhas. Joias. Coleção de relógios. Numerosas baixelas. Pratos imensos de ouro. A mulher de Ivan o Terrível servia-se num de três quilos; o de Pedro o Grande é muito maior. Colar de marfim; na execução dele um artista se esmerou quarenta anos. Trajos de imperadores, paramentos de chefes da Igreja. No manto de um patriarca liberalizaram quinze quilos de pedras preciosas. O vaso de prata onde se guardava o óleo sagrado para o batismo pesa duzentos quilos. Ofertas dos governos estrangeiros à Rússia Imperial — ouro e prata, âmbar, pedras, pérolas. Vestuários difíceis de usar, tão pesados são; necessárias muitas damas de honor para mover um daqueles anacronismos femininos.

Vestidos cheios de pérolas e penduricalhos, um luxo bárbaro e luminoso. Bíblias formidáveis, monstruosamente belas, cobertas de pedregulhos fascinantes. Na encadernação de uma dessas obras piedosas — trinta e seis quilos de ouro.

Apontam-nos com gravidade, quase veneração, os pratos imensos, as rendas da czarina, os rabichos, trabalho paciente de ourivesaria, as escrituras santas magníficas, a roupa de Pedro o Grande, homem gigantesco no corpo e na alma. Nesse terrível museu vemos isso. A família imperial, a santa Igreja, cavaleiros metidos em cotas de malhas, pedras e pérolas. Onde estava o povo? Ainda não se falava nele. Iria aparecer alguns séculos depois.

(20 – Julho – 1952)

16

(10 – Julho – 1952)

Voamos à Geórgia. Descida em Kharkov, em Rostov, ainda não curadas inteiramente dos estragos feitos pelos invasores. Observações dos intérpretes, a confundir-se com fatos vagos, apanhados anos antes nos jornais; uma curiosidade inútil, provisória, a soltar-nos a língua:

— O ucraniano é muito diferente do russo, não é verdade, mme. Nikolskaya?

— Não. É parecido. Entende-se.

Bem. Uma indicação, perfeitamente desnecessária. Que plantas seriam aquelas? Cerejeiras. Muito bem. Não me sendo possível dizer qualquer coisa sobre a literatura da Ucrânia, referir-me-ia, quando falasse na viagem, às cerejeiras floridas que enfeitam o jardim do aeródromo, em Kharkov.

— Aquele rio é o Don?

— Talvez seja — respondeu Tchugunov.

Outra noção razoável. O casario enorme era com certeza Rostov. Cócegas arranhavam-me a garganta — o desejo de mencionar um daqueles generais moços que ali obtiveram fama rápida aniquilando o inimigo. Infelizmente essa matéria exacerbava os meus novos amigos. Dias atrás, esquecendo experiências goras, desacautelara-me em conversa no hotel, bulira no assunto desagradável, casa de maribondos. A sra. Nikolskaya, tão amável, tão boa, exaltara-se: "Perdemos dezessete milhões de homens. E que é que os nossos aliados nos deram? Caminhões velhos e ovos podres." Ficara muito vermelha, a voz entrecortada; afinal deixara a mesa, enxugando os olhos. Pessoas estranhas. Nem permitem que aludamos aos seus heróis.

De novo no ar, afastava-me deles, na corrida louca, avizinhava-me de um herói diverso, muito velho, amarrado ali à esquerda, o fígado roído por um abutre, na montanha clássica envolta em nuvens, coberta de neves perpétuas. A venerável antiguidade arregalava-me os olhos. Buscando, entre rasgões do nevoeiro, o ponto onde se debate a hepatite milenária, espantava-me de uma extravagância dos nossos hospedeiros: não queriam admitir que voássemos sobre terra asiática.

— Mas o Cáucaso é limite da Europa, Kaluguin. Sempre foi. Então? Deixamos o Elbruz e o resto. Estamos na Ásia.

O redator de *Tempos Novos* não se convencia. Diante da minha insistência, falou baixo a um sujeito de propósitos conciliáveis: geograficamente a Geórgia estava na Ásia; politicamente, na Europa. Não me conformei, resmunguei:

— Desse jeito vocês acabam pondo a Sibéria na Europa.

A minha geografia do princípio do século tinha para mim grande valor: não deviam mexer nela. Descida em Sukhumi, capital da Abkhasia. Esses nomes entravam-me nas orelhas duras — e confessei humilhado que os meus conhecimentos não chegavam aí. Outra vez no ar, outra vez em terra. Tbilissi.

Como? Isso mesmo, Tbilissi, a conhecida Tíflis, a cidade mais notável da Transcaucásia no meu tempo de criança. Ainda hoje é assim. Mudaram-lhe o nome ou, antes, deram-lhe o nome antigo. Tíflis é a tradução russa de Tbilissi, explicaram-me. Ouvi distraído. O que tinha importância era achar-me numa região inconfundível, isenta de mudanças: ao norte, Prometeu seguro à pedra, um bico a lacerá-lo, e à direita, num ramo do Cáucaso, no monte Ararat, a barca de Noé encalhada, esperando que nossos avós saíssem dela, Sem, Cam e Jafet, origem de brancos, negros etc., até de americanos, filhos de Deus também, possivelmente.

Erudições pegadas na aula primária. Enfim estava ali, ao alcance da nossa vista, a gente mais bela do mundo. Raça caucasiana, tipos perfeitos. De um lado, a geração de Jafet; do outro, resíduos dos navegantes que aqui vieram buscar o Velocino de Ouro, uns ladrões, é claro. Mas isto não me inquietava. Na troca de moedas, hoje — quantos furtos! Ia lá pensar nas ladroagens, nas patifarias dos gregos épicos? Esses produtos da lenda, canalizados pela arte, davam-nos prazer e não nos furtavam nada. Ali perto, na vizinhança do hotel, as criaturas mais belas da humanidade. Necessário ver essas estátuas de carne e osso, procurar alguma coisa dentro delas. Se não tivéssemos êxito, na semana exígua que nos concediam, julgaríamos de mármore as figuras vistas na rua — e o nosso respeito às imagens admiradas em livros permaneceria.

Um rapaz narigudo e uma senhora idosa levaram-me, explicando-se em francês, a esquecer por instantes que desembarcara num museu de preciosidades humanas. Larguei a tradição, fixei-me na realidade e nas bagagens. A mulher, grisalha, magra, rápida em excesso, fez-me subir escadas e entrar num apartamento no segundo andar; voltou, levou-me ao bufete, onde bebi um copo de vinho que justificava bem a carraspana do pau-d'água bíblico.

— Não é preciso pagar.

À saída, tirei do bolso um cigarro. Nesse ponto dei de cara com o moço de nariz grande, alto, ligeiramente curvo, os olhos miúdos e vivos. Deteve-me, ofereceu-me um cigarro.

— Obrigado. Já tenho.

— Faça o favor de aceitar este — disse o homem.

Não havia meio de recusar. Com vinho e tabaco esses dois georgianos peitaram-me, logo à chegada.

(12 – Julho – 1952)

17

(13 – Julho – 1952)

No meu quarto do Hotel Orient, a varanda se consumia; ao pisar nela, a gente não se julgava em segurança, temia cair por um dos buracos abertos pela ferrugem no chão caduco e amarelo. Embaixo alargava-se um pátio, onde algumas árvores se animavam, de manhã e de tarde, com pipilos e voos. À direita, uma linha de casas partia-se, formava esquina; uma estreita escada exterior, velha e de ferro, ligava esses prédios altos, velhos também, desaguava em aposentos escuros, detinha-se em plataformas acanhadas, prosseguia na curiosa ascensão. A chuva arruinara com certeza os degraus; deviam estar gastos, como a placa de metal que me sustinha; parecia-me difícil alguém trepar neles, e admitiríamos sem custo haverem sido postos ali para efeito decorativo. Ao fundo, um militar em mangas de camisa surgia num alpendre extenso, descia, caminhava de um lado para outro, absorvido em alguma ocupação misteriosa. Com frequência o enxerguei; examinei-lhe com vagar os movimentos, e nunca pude saber o que fazia. Uma velha tirava água de um poço. Meninos brincavam debaixo das árvores. E três gatos mandriavam, estendidos ao sol. Às vezes só apareciam dois, e isto me chamava a atenção:

— Falta um gato.

Vejam só. Uma viagem custosa à terra célebre. E esquecia o Cáucaso, outras glórias, ali me descuidava a atentar num pedaço de quintal. Deslocações fatigantes para anotar a ausência de um gato. Não era o que esperavam de mim. Necessário deixar o quarto, sair à rua, entrar num automóvel, jogar no caderno informações úteis.

Bem. O horizonte se ampliava. Achava-me agora na montanha de David. Pinheiros, álamos, e por abertas no arvoredo o casario a espraiar-se. Um guia zeloso ministrava-me noções históricas esquivas, que a minha inadvertência perturbava:

— Qual é a população da cidade?

O profissional estava dizendo que, destruída muitas vezes no correr dos séculos, ela guardava as ruínas preciosamente. Fez uma pausa e esclareceu-me: o último recenseamento, de vários anos, revelava pouco menos de seiscentos mil habitantes; terá hoje uns setecentos mil. Campos verdes; ao longe, uma cadeia de montanhas. Num cotovelo do rio Kura, volumoso e barrento, o velho mosteiro Metekhi. Dando as costas a essas coisas, minha mulher percebeu na estrada um garoto que ia passando. Correu para ele, acariciou-o, beijou-o. Grandes olhos negros, boca e nariz perfeitos. Beijo necessário; a efusão impunha-se. A criança deixou-se afagar e admirar, grave, imóvel. Habituara-se àquilo, certamente. Ídolo em miniatura. A mãe se afastara para não perturbar a veemência da estrangeira. Rumor duro de máquina. O fotógrafo apanhava a mulher e a criança, ia deitá-los no papel, mandá-los à revista.

Esquecendo a paisagem distante, vimos ali próximo, no alto do morro, um palácio de arquitetura georgiana. Um salão desse prédio, explicam-nos, foi adornado com cenas do *Cavaleiro da pele do tigre*, poema nacional de Shota Rustaveli. Desconheço Rustaveli, é claro, mas conservo o nome, glorioso, do século XI, ou XII, nem sei: iriam mencioná-lo repetidamente, com orgulho e respeito. Surpreendeu-me a altura do edifício, e mais me espantaram os feixes de colunas que o suportam, quatro colunas juntas, amarradas por enormes capitéis. Um parque de cultura. No jardim, magnífico, plantas exóticas, lugares para diversões, quiosques. Lá dentro, biblioteca larga, a abundância de literatura que nos surge em toda a parte. Filas diante de livrarias; as edições esgotam-se com rapidez inadmissível. Trezentas e cinquenta mil bibliotecas do Estado, com setecentos milhões de volumes. As dos sindicatos são doze mil, e há nelas sessenta milhões de livros. Para que tanta letra? Afinal essa fartura de impressos torna-se monótona, tem aparência de mania. Abafamos. Não acharemos neste país um analfabeto? Saudades da nossa terra simples, onde os analfabetos engordam, proliferam, sobem, mandam, na graça de Deus. Felizmente há no parque de cultura restaurantes e bilhares. Ainda podemos jogar uma partida, beber uma cerveja. A ditadura horrível não nos proíbe essas necessidades cristãs.

Saímos. E, utilizando o funicular, que tem uns quinhentos metros, descemos a montanha de David. Quem terá sido esse David? Não o da Bíblia, com certeza. Provavelmente o czar David o Construtor, soberano de maus bofes que existiu aqui por volta do ano 1000, ou 1100. Necessário verificar a data. Ao deixar o plano inclinado, caímos num instituto de fisioterapia. Salas grandes, complicações, aparelhos que a minha assombrada ignorância evitava. Meninos obedeciam a ginástica dirigida por funcionários hábeis. Numa cadeira, envolto em círculos difíceis e metálicos, um vivente plácido e animoso lançava faíscas das mãos quando o tocavam. Pediram que me sentasse, me enrolasse na espiral diabólica.

— Estão doidos? Quero lá saber de bruxarias?

O diretor, homem adunco e mesureiro, conduziu-nos a gabinetes de profusa técnica, alongando-se em minúcias que um médico novo do Rio Grande do Sul parecia entender. Levou-nos aos banhos sulfúreos e deu às senhoras o pérfido conselho de entrar neles: voltariam com os cabelos sedosos e a pele macia. Hesitaram, recusaram: as duas vantagens não compensavam talvez o fedor do enxofre. Despedimo-nos, enfiamos nos carros. À porta, mesureiro e adunco, o cientista levou os dedos ao peito, curvou-se num salamaleque perfeitamente regional.

(16 – Julho – 1952)

18

(20 – Julho – 1952)

Depois do passeio matinal, fomos à Voks agradecer a hospitalidade e combinar as viagens necessárias durante a nossa permanência na Geórgia. Todas essas visitas se assemelham. Frases convencionais, delicadeza fria, o receio de sermos impertinentes exigindo coisas difíceis, prejudiciais ao conjunto. Põem-nos à vontade, os nossos desejos têm aparência de ordem, mas não sabemos se estão sendo sinceros. Diante da mesa coberta de vinho e frutos, observamos as caras, aventuramos uma débil pretensão, igual, supomos, ao intuito da maioria. Poderão mostrar-nos um kolkhoze, uma fábrica, um sanatório, uma escola? Sem dúvida, não recusam. Para vermos tudo isso precisamos ir ao mar Negro. Por enquanto, a exibição de um filme — cenas regionais do Cáucaso, o trabalho dos camponeses, festas, danças. À mesa, bebendo o excelente vinho georgiano, vemos na parede como ele se produziu.

Bem. Agora estamos na rua, livres das conveniências medidas, livres também de um horrível doce que mastigamos a custo, duro como pedra. E aí nos forçam a cortesias um pouco diversas das experimentadas no salão da Voks. Atraímos curiosidade larga, os transeuntes param, ficam a examinar-nos. Parece que a cidade se encheu de basbaques. Na aparência não divergimos deles, suponho. Modos semelhantes, roupas semelhantes. Apesar de virmos da América, há em todos nós o jeito razoável do europeu comum. Estivemos um dia sem dar nas vistas; de repente, olhos arregalados, paragem, cochichos, espanto. Sem dúvida circulou a notícia da nossa chegada, e temos a impressão de que setecentos mil indivíduos se preocupam conosco. Ouvimos com frequência o nome do Brasil, deturpado, é claro. Como estamos cercados pelas criaturas mais belas do mundo, acham-nos possivelmente feios em excesso. E talvez se admirem de não sermos desagradáveis demais. Receberam do nosso país informações desgraçadas, julgavam-nos uma corja de selvagens, e pasmam corrigindo a suposição: de fato não somos negros repulsivos, não usamos argolas nos beiços e temos, pelo menos no exterior, o comportamento regular de bichos civilizados. Espiam-nos sem acanhamento, como se figurássemos numa vitrina de museu, num livro de estampas. Há desfaçatez na análise demorada, inocente descaro; avizinham-se, mostram querer tocar-nos, verificar se somos viventes de carne e osso. Não parece que estamos na capital de uma república, mas num povoado sertanejo da minha terra, longe das ferrovias; como os viajantes aí são raros, a gente do lugar chega às janelas, sai às calçadas para vê-los. De nenhum modo, porém, a indiscrição nos perturba; deixamo-nos tentear pela frente e pela retaguarda: querem descobrir se existe em nós alguma esquisitice oculta no primeiro momento. Curiosidades expostas no circo ou na feira. Exotismos. Brasileiros. Veem-nos com simpatia; há sorrisos

Chegada a Moscou de parte da delegação brasileira para os festejos de Primeiro de Maio.

Graciliano Ramos, o pianista Arnaldo Estrela e o poeta Nikolai Tikhonov, presidente do Comitê Soviético de Defesa da Paz, na recepção oferecida pela entidade aos delegados brasileiros do Partido Comunista.

Alexei Surkov, Nikolai Gribachev e Graciliano Ramos, na União dos Escritores Soviéticos.

O poeta Alexei Surkov fala a delegados brasileiros, na União dos Escritores Soviéticos. Estão à mesa o crítico A. Anisimov, o poeta Nikolai Gribachev, Graciliano Ramos e o jornalista Jorge Kaluguin, intérprete.

Graciliano Ramos, na União dos Escritores Soviéticos, em Moscou.

Na União dos Escritores Soviéticos, em Moscou, Graciliano Ramos e o poeta Nikolai Gribachev.

Visitantes brasileiros — entre eles Graciliano Ramos, o juiz Geraldo Irineu Joffily, o pianista Arnaldo Estrela e o advogado Sinval Palmeira — diante de um balneário, em Sukhumi, Geórgia.

No Instituto de Literatura Máximo Gorki, anexo à União dos Escritores Soviéticos, Graciliano Ramos e a esposa, Heloísa Ramos, conversam com a poeta turcomena Akjemal Omarova e o jovem escritor Z. Togashev.

acolhedores nos rostos das mulheres magníficas. Realizada a longa sondagem, revelam contentamento; respiram aliviadas por não termos aspecto feroz: não lhes causaremos dano. Afinal somos hóspedes, merecemos afabilidade; oferecem-nos isso de modo curioso, suspendendo o trânsito por nossa causa. Estranhas formosuras. Enquanto nos investigam, paramos a investigá-las. Dão-nos essa oportunidade — e agradecemos. Ao alcance dos nossos olhos bárbaros acham-se maravilhosos espécimes da raça caucasiana. Estávamos a procurá-los — e eles vêm apresentar-se, imóveis, à nossa admiração. Tenho desejo de afirmar que a história se enganou: os turcos não andaram por aqui, nenhum cruzamento espúrio estragou a imagem perfeita exibida nas estampas.

 Algumas horas depois, essas ligeiras relações casuais iriam transformar-se quase em familiaridade. No Teatro Paliachvili, assistíamos à ópera *Keto e Kote*, representada em língua horrorosa, incompreensível na fala e na escrita. Kaluguin não entende uma palavra do idioma tremendo. Mas conhecia a peça. E, do camarote vizinho, dava explicações a Sinval Palmeira, que me transferia migalhas do enredo. Saí num dos intervalos. E apareceram-me na volta quatro lindas filhas da Geórgia em palestra animada com as brasileiras. Aquilo não era possível, disse comigo. Mas era verdade. A plateia do Teatro Paliachvili sobe demais, em rampas e degraus; as últimas cadeiras nivelam-se aos camarotes do fundo. Aí, de pé, o Cáucaso ria, dirigindo amabilidades ao equador. Tinha-me ausentado uns minutos. E no fim do intervalo surgia-me o desconchavo: a aproximação das latitudes. Minha mulher, natural, sem nenhuma indecisão, nomeou as quatro moças alegres, amigas velhas: Keto, Assia,

Liuba e Nadiajda. Uma era advogada, outra médica. De que jeito compreendera essas minúcias? Por gestos. E por gestos apresentou-me: indicou a aliança, juntou as mãos, pegou um lápis, moveu-o no ar como se escrevesse. Somos casados, evidente. Nadiajda, Liuba, Assia e Keto perceberam isto. E a advogada me supõe escrivão, com certeza.

— De que jeito vivem na sua terra?

A formulação dessa pergunta foi e continua a ser enigma para mim; difícil traduzir isso em mímica. O fato não revelou, porém, nenhuma dificuldade: a pessoa a quem a georgiana se dirigiu interpretou-a de chofre e satisfez-lhe o interesse anuviando a fisionomia e apertando a cabeça entre as palmas. A resposta concisa era transparente. Caí num monólogo triste, falando interiormente às deliciosas vizinhas erguidas no fim da plateia. Isso mesmo. Entalam-nos o crânio, somos coagidos a não pensar direito: as nossas ideias se esfarelam, espalham-se em torno de pequenas misérias. E nem só os pensamentos se reduzem. Os corpos também se aniquilam, nas prisões e fora delas. Uma prensa invisível nos comprime. O ar em nossa terra é denso, pesado; às vezes necessitamos esforço para respirar. E até isso nos roubam, estragando-nos os pulmões: ao sair da cadeia, estamos tuberculosos. Como vivemos? Propriamente não vivemos: aquilo não é vida. Quando entramos na colônia correcional, dizem-nos: "Não vêm corrigir-se: vêm morrer. E ninguém tem direitos. Nenhum direito." Espanta-nos a franqueza. Numa existência de animais, ficamos semanas em jejum completo. Descerram-se enfim as grades, vemos o sol. Não realizaram, pois, a ameaça? Não nos mataram? Em parte, realizaram: estamos na verdade quase mortos. Ganhamos cabelos brancos e rugas. Assim tão fracos, tão velhos, não conseguiremos trabalhar. Arrasaram-nos. Foi o que a estrangeira quis dizer, Keto, Liuba, Assia, Nadiajda. Aqui nos destoldamos um pouco. E vocês, com os melhores propósitos, nos avivam lembranças insuportáveis.

Nessa altura uma senhora, perto, escreveu algumas linhas nas costas de um envelope, avizinhou-se, entregou-nos o papel, que nos leram depois: "Queridos brasileiros. Nós os saudamos do coração. Muito nos comove essa visita à nossa Geórgia. E pedimos-lhes que não esqueçam o dia 7 de maio de 1952 — Neberidze Tamara." Não esqueceremos, está visto, não poderíamos esquecê-lo. Apesar de não me ser possível adivinhar os hieróglifos rabiscados no envelope, entendi, pelas feições de Neberidze Tamara, os bons sentimentos dela. Na tradução dessas coisas reais e insensatas, afirmaram-me que Liuba significa *amor* e Nadiajda quer dizer *esperança*. Tudo se conjuga para levar-nos a supor que até nos nomes essas criaturas são perfeitas. Ao deixar o teatro de ballet e ópera Paliachvili, sentia-me zonzo. No saguão, meti a mão no bolso, com desejo de fumar. Um rapaz alto, magro, ligeiramente curvo, de grande nariz, olhos vivos e miúdos, ofereceu-me um cigarro:

— Obrigado. Já tenho.

— Faça o favor de aceitar este — disse o homem.

Recebi, agradeci, afastei-me resmungando:

— Eu já vi esse tipo. Não sei onde, mas já o vi. Tem a mania de oferecer cigarros à gente.

— É o intérprete georgiano — explicou minha mulher. — Não se lembra?

Ah! sim! Na véspera, no hotel Orient, surgira-me aquele moço obsequiador. Assim me relacionei com Tchimakadze, excelente camarada. Viajamos bastante. E todas as vezes que necessitei fazer-me compreender Tchimakadze apareceu, não sei como, falando um francês razoável, o maço de cigarros aberto. Era indispensável e ubíquo. Usei um estratagema para oferecer-lhe um cigarro. Cheguei sempre tarde. Tchimakadze me antecedia, com a frase invariável: "Faça o favor de aceitar este."

(23 – Julho – 1952)

19

(24 – Julho – 1952)

A DIRETORA da Escola 23, pessoa magra e idosa, nos encheu de informações antes que lhe fizéssemos uma pergunta; depois atendeu à nossa curiosidade. Estabelecimento para meninas; acabaram-se os mistos. Trinta e seis salas comportam mil e duzentas alunas; há cinquenta e cinco professores, dois médicos e um dentista. Acomodam-se no auditório quinhentos indivíduos, e a biblioteca tem oito mil volumes. O período escolar é de onze anos, abrangendo o curso primário e o secundário; mas aqui não existe seriação: realiza-se um trabalho contínuo. O ensino é ministrado em georgiano, e exige-se uma língua estrangeira: o russo, o inglês, o francês. Nesse ponto lancei um reparo indiscreto:

— A senhora considera o russo uma língua estrangeira?

— De nenhum modo — replicou a diretora surpresa. — Não poderia julgar isso.

— Foi o que entendi. As três línguas niveladas.

— Não me fiz compreender bem — volveu a diretora. — Houve provavelmente engano na tradução. O russo e duas línguas estrangeiras, foi o que eu disse. Para essas temos apenas duas lições por semana. O russo obriga as alunas a uma hora de trabalho por dia em todo o curso. Foi o que alargou entre nós o período escolar. Na Rússia tem dez anos; aqui tem onze. Mas não vale a pena dar explicações: o senhor vai examinar isso daqui a pouco.

De fato, percorridos alguns papéis, ditos alguns números, a criatura levantou-se, agradeceu a visita e sumiu-se. Cumprido o seu dever, técnico e burocrático, ia-se embora, deixando-nos à vontade. Esse comportamento agradou-me. Necessário ver as coisas de perto. E a diretora magra não estaria conosco, fechando portas, cochichando a funcionários, puxando cordões de títeres. Afinal não tínhamos obrigação de admitir os oito mil volumes da biblioteca e os quinhentos lugares do auditório. Olhamos as estantes, saímos, entramos num salão. Realmente não contamos os livros e as cadeiras; avaliamos, pela rama, que não nos haviam enganado. Num corredor, trinta garotinhas do segundo ano desfilavam.

Atravessamos uma porta. Aula de francês: leitura, conjugação dos verbos auxiliares. A pronúncia não era muito boa. Entendia-se: bastante superior à dos bacharéis no sertão do meu país. Afinal se prestavam ali rudimentos a crianças de nove, dez anos, disse-nos a professora. Aula de geografia. Alunas do sétimo ano. Chamei uma, do primeiro banco. Levantou-se, foi ao mapa, tomou a vareta e exibiu vários conhecimentos do Brasil. Ao falar na produção, referiu-se à batata; e mencionou duas cidades: Rio de Janeiro e Bahia. Apontei São Paulo. A garota, sem se alterar, perguntou-me se os meninos brasileiros conheciam as cidades principais da União Soviética. Essa impertinência fez-me sorrir.

— Em geral não conhecem — respondi honestamente.

Rapariguinhas do décimo primeiro ano, em prova de russo, analisavam literatura nova, o romance de um desses escritores que em pouco tempo se elevaram, alcançaram tiragens formidáveis. Crianças de sete anos dedicavam-se à aritmética. O nono ano estudava seleção de frutos, no cinema. A grande sala de química estava deserta.

Descemos, estivemos a passear entre as árvores, no pátio de recreio, e vinha-me ao espírito uma frase da mulher idosa e magra: "Existem mais de cem escolas iguais na cidade." Recusavam-se, pois, os nossos louvores. Se eles fossem necessários, deviam estender-se a mais de uma centena de casas semelhantes. Pelos números fornecidos uma hora atrás, podiam matricular-se nelas cento e muitas mil crianças. Isto era na verdade excessivo num lugar de setecentos mil habitantes, ou menos. Lembrava-me dos analfabetos da minha pobre terra, dos pequenos vagabundos famintos que circulam nas ruas, quase nus, a mendigar.

À saída, três pessoinhas fizeram discursos. Não os arrancaram de improviso, naturalmente: esperando-nos, tinham escrito algumas folhas, que agora liam com muita seriedade. As professoras, um pouco distantes, não se metiam nisso. Dificilmente suporíamos que ali se representasse uma comédia. Um grupo ativo de pioneiras rodeou-nos, esteve a pregar-nos distintivos na roupa; coloriu-nos em seguida com lenços vermelhos. A presteza dos movimentos, o cuidado em minúcias, o brilho dos olhos, tudo revelava entusiasmo, a execução de uma tarefa grave. Deixaram-nos em paz; entramos no ônibus. Uma delas chegou à porta, viu que faltava qualquer coisa: subiu, amarrou um lenço encarnado no pescoço do *chauffeur*.

Ao rodar no asfalto, embalava-me com uma expressão bastante usada pelas gazetas ocidentais, ponderosas: o vírus do socialismo. Os estrangeiros que aqui chegam voltam infeccionados; não resistimos aos venenos sutis esparsos no ar e nas conversas; as sólidas vantagens da liberdade evaporam-se diante desta singular escravidão. É bom não entrarmos em contato com os horrores denunciados lá fora. Se respirarmos isto, acabaremos doentes, julgaremos razoável uma sociedade isenta de mendigos e prostitutas. O vírus do socialismo. Se nós, bichos calejados nas belezas ocidentais, nos arriscamos a isso, precisamos admitir que as jovens alegres se contaminaram para sempre. Não têm remédio. Incutiram-lhes certezas horríveis, no juízo dos nossos patrões. A sua terra é a melhor do mundo, e nas escolas de Tbilissi todas as crianças podem estudar. Uma ideia me veio. Em cada uma das classes que visitamos havia lugares para trinta e cinco pessoas. Trinta e seis salas. Multipliquei. A diretora nos havia falado em mil e duzentas alunas. Existia uma diferença pequena: a diretoria dava-nos a lambujem de sessenta lugares. Funcionando em dois turnos, os estabelecimentos encerrariam com folga o dobro da população infantil. As garotas do primeiro ano fizeram este cálculo. E está aí por que o vírus do socialismo faz estragos medonhos nessas almas em formação. As do Brasil até agora estão imunes, livres da aritmética.

(27 – Julho – 1952)

20

(27 – Julho – 1952)

E MBIRREI com este nome: Combinado Têxtil de Tbilissi. Por que não se dizia, em linguagem cristã, que aquilo era uma fábrica de meias? Tadeu Gogoladze, homem paciente e minucioso, deu-me explicações, mais ou menos confusas para mim: ali não se trata apenas de indústrias, mas de instituições sociais. Tadeu Gogoladze é diretor do estabelecimento. Faz uma narrativa sincopada, alargando-se em números. Se o interrompemos, abre um parêntese na exposição, larga os papéis; depois continua, devagar, para não nos desorientarmos na escrita. Iniciou-se a construção em 1939; findou em 1950. Começou a produção em 1941. Aumento da produção de 1950 a 1951: 32,8%. Mais de quatro mil operários. Oito horas de trabalho por dia. O salário médio é de oitocentos e vinte rublos, e o trabalhador paga pelo aluguel da casa vinte e cinco rublos.

— Só? — perguntei admirado.

— Não é pouco — disse o homem. — O aluguel da casa regula de um a três por cento do salário. Estamos no máximo. Podíamos estar em oito rublos.

Há na fábrica sanatório, hospital, banhos, lavandaria, estádio, casa de cultura, sala de esportes, escolas de aprendizagem, biblioteca, teatro. Numa escola normal noturna, próxima, os operários estudam sem lesar o trabalho. Recordei-me de um pedido feito dias atrás, na Voks. Uma senhora queria ver creches, jardins de infância, e o presidente se embaraçara: "Não é possível. Não há casas especiais para isso. Mas em qualquer fábrica a senhora encontrará o que deseja." Agora, como não se mencionassem asilos infantis, perguntei:

— O senhor não tem creche, jardim de infância?

— Claro — respondeu Gogoladze. — Pensei que não fosse preciso dizer isso.

E, com a mão na massa, forneceu-nos algumas informações complementares. Mais de trezentos filhos de operários estão em campos vizinhos de Borjomi, a maior parte de graça. A permanência de mês e meio aí custa quinhentos rublos: os trabalhadores pagam de oitenta a cento e oitenta rublos; o sindicato dos operários têxteis paga o resto. Nesses lugares existem professores, médicos, dentistas. Às vezes as crianças vão para sanatórios e balneários, no mar Negro. Para repouso de crianças até oito anos há casas de campo, granjas, onde elas ficam três meses.

As coisas vistas no papel começavam a dar-me enjoo. Melhor seria examiná-las. Erguemo-nos. Até que enfim! Já me sentia com as pálpebras pesadas de algarismos. Enveredamos por um corredor; e achando uma porta meio cerrada, marchei para ela, empurrei-a. Alguém me vedou a passagem.

— Está aí! — murmurei a Sinval Palmeira e Arnaldo Estrela, meus companheiros excelentes desde Praga. — Temos aí a cortina de ferro, há uma sala onde não podemos entrar.

Mas a proibição referia-se apenas aos barbados. O sexo feminino entrou, saiu.

— Que é que há?

Quase nada: as operárias estavam nas banheiras, lavando-se.

— Está aí, seu Sinval. Está aí, seu Estrela. Ausência de liberdade. Elas entram, nós não podemos entrar. Há discriminação, como nos Estados Unidos. E temos aqui perto as mulheres mais bonitas do mundo.

Essas ideias foram varridas por uma cadeira funesta, um motor, odiosas vitrinas onde se arrumavam brocas e suplícios hábeis de odontologia. Vimos em seguida as aulas, o gabinete de fisioterapia, dois salões de ginástica. E surgiram-nos as máquinas, abundantes, organismos que venero, porque não os entendo. Operárias ágeis mexiam em ferros complicados, velozes, afeitos à ordem, à disciplina. Giravam fusos, e as maçarocas iam-se tornando cada vez mais finas, eram, depois de inúmeras rotações, fios quase invisíveis, obras de aranhas. Noutra seção, mecanismos teciam. E alguns, adiante, manejavam canos, juntavam peças, engendravam calcanhares, rápidos, com sabedoria. Quadros numa parede, cartazes, malícias, caricaturas: indivíduos capazes no serviço e indivíduos ronceiros — aviões e tartarugas. À saída, encontramos duas manicuras afobadas no exercício da profissão, cortando, limando, envernizando.

— Que é isso? — perguntei. — O senhor habitua a sua gente a esses melindres?

Tadeu Gogoladze explicou-se:

— Não é por luxo. É para que as unhas não estraguem as meias.

Lá fora chuviscava. Na friagem, nos arrepios, dirigimo-nos ao jardim de infância. Conduziram-nos ao vestiário. E, arrumados naquelas batas alvas, obrigatórias, fomos ver os setenta pirralhos que ali se educam. Uns vinte, na primeira sala, entregavam-se a um bailado. O amor à dança, que em toda a parte se revela, enche os teatros, arrouba multidões, já despertava naqueles corpos exíguos, de movimentos lerdos, incertos. Não lhes impunham regras, é claro: moviam-se em coreografia original. Dentro de alguns anos apareceriam outras Ulanovas — e *Romeu e Julieta*, *A papoula vermelha*, *A bela adormecida no bosque* atrairiam aplausos universais. Uma garotinha puxou a manga da professora, cochichou.

— Traduza, mme. Nikolskaya, faça o obséquio.

A ótima senhora atendeu-me:

— Ela quer dançar com a boneca.

Espantei-me. *Quer?* Então neste país onde se arrasou o individualismo, as ninharias de cinco anos têm o direito de *querer?* Têm. A menina pegou a boneca e deu-nos uma pantomima cheia de lágrimas e risos. Levantamo-nos. Ao deixar os artistas mirins, veio-me a ideia infeliz de beijar um deles: oito ou dez me cercaram, exigindo beijos, cuspiram-me o rosto com muitos carinhos. Um se avizinhou, misterioso, esticou-se; baixei-me para ouvi-lo:

— Na sua terra há também jardim de infância?

— Há, meu filho. Mas é diferente.

Saímos, fomos a outra classe. Garotos de seis anos, curvados em mesinhas, recortavam, modelavam, atentos, e não nos ligaram a mínima importância. Quando nos retirávamos, alguns tiveram a condescendência de notar-nos: ergueram-se, abriram estantes baixas, tiraram delas bichos de barro e ofereceram essa arte miúda às senhoras.

Na creche existem cem hóspedes. No compartimento inicial arrumavam-se bebês de um mês a um ano, seres invertebrados, vermelhos, flácidos. Três se sentavam em cadeiras que os prendiam, encerravam em molas complexas os débeis membros cartilaginosos. Um estranho sorriso nos chamava, luz permanente e fria. Tornava-se afinal incômodo, não conseguíamos livrar-nos dele. Virei-me da porta, envolvi-me ainda uma vez no sorriso imóvel da criança, imóvel como se o tivessem fixado em matéria inorgânica. Na peça contígua repousavam criaturinhas mais fornidas. Andamos entre as camas, nos corredores estreitos, abafando os passos, e os dorminhocos estremunhavam-se, bocejavam, mostrando belas carrancas. Várias inspetoras nos seguiam, deslizando como sombras. Uma, à despedida, quis mostrar-me os seus pupilos, uma dúzia mais ou menos, e apontou um deles, o mais perfeito da casa, afirmou vaidosa.

Saímos, atravessamos o pátio. Os chuviscos engrossavam. Tadeu Gogoladze vestiu uma capa de borracha. Entramos na sala de teatro, concertos e projeções. Há nela seiscentas cadeiras. Passamos à biblioteca. Literatura francesa e inglesa, traduzida em russo. Peguei um *D. Quixote*, olhei a ficha incompreensível.

— Quantas pessoas leram este livro em 1952?

Doze. Número razoável. Em quatro meses e dias, doze operários de uma fábrica georgiana tinham visto e ouvido o cavaleiro de Cervantes. Pessoal de mau gosto: não se preocupa com os romances policiais, tão difundidos neste hemisfério.

Só nos restava apresentar os nossos agradecimentos e partir. Onde andavam as senhoras? Tinham-se retardado na sala de concertos. Apareceram. Tadeu Gogoladze entregou a cada uma delas um par de meias, lembrança das operárias do Combinado Têxtil de Tbilissi.

(29 – Julho – 1952)

21

(30 – Julho – 1952)

E RA o palácio do governador da Geórgia no czarismo — e pessoas do lugar dizem-nos isto com certo orgulho quando entramos no edifício magnífico, organizado a capricho para alojar o representante de Sua Majestade. Isso valoriza o estabelecimento, no juízo dos nossos hospedeiros, imagino. Tendo feito uma revolução de todos os diabos, referem-se com insistência a um passado ainda recente, mas extinto nas ideias e nos hábitos. O cataclismo social não foi uma solução de continuidade: os homens atuais significam ponte erguida entre mundos opostos. Falam com imenso respeito nos seus velhos poetas, nos seus velhos heróis. Os indivíduos ordinários ignoram sem dúvida a existência nos castelos, e só os eruditos se comprazem na leitura de um poema escrito no século X. Aliás os anacronismos odiosos não representam hoje nenhum perigo. Os déspotas refugiaram-se nos cemitérios, as suas rapinas figuram nos museus, servem para estudo. Assim, os guias podem mostrar-nos com algum entono a residência opulenta do governador czarista. Além da pequena vaidade nacional, evidente exagero, há no caso a exposição de um contraste: os espoliadores dessa riqueza têm o desejo de patentear-nos como a empregam. O edifício memorável chama-se agora Palácio dos Pioneiros Beria. Na época do último governador desconhecíamos Beria; presentemente desconhecemos o governador. A população invadiu o asilo administrativo em 1941, criando uma instituição que tem como objeto aperfeiçoar conhecimentos e animar vocações.

Palácio dos Pioneiros Beria. Provavelmente estão aqui algumas das garotas que, na Escola 23, nos pregaram distintivos na roupa e nos enfeitaram com lenços vermelhos. Entramos. E nem considerei os números e os dados que o presidente, como em geral os presidentes de organismos congêneres, nos forneceu com abundância. Nem tirei do bolso o caderno de notas: seria necessário escrever muita coisa. Deixando a saleta onde as minúcias acabavam, andamos a percorrer as seções que no instituto funcionam: ciência, técnica, educação física, educação artística, trabalho cultural das massas, biblioteca. Pergunto a mim mesmo de que jeito se realiza esse trabalho cultural das massas, chego a vacilar, procurando o sentido exato da expressão. É difícil entendermos isso. Naquele momento desejei informar-me; desisti, com preguiça e receio de não entender a explicação, embrenhar-me em equívocos. Admiti que os doze mil pioneiros organizados na casa imensa tinham a tarefa de relacionar-se com o exterior, promover interesses, difundir noções. Provavelmente fazem isso nos passeios obrigatórios, pois, além dos estudos locais, investigam museus, observam monumentos.

Passamos no gabinete de física, no gabinete de história natural, no salão de recreio. Demoramos na biblioteca, examinamos as estantes numerosas; arrumam-se nelas setenta e três mil volumes em georgiano, russo, francês, inglês, alemão. Vastas salas de leitura. Mas os livros de ordinário se emprestam, são lidos lá fora; os estudantes têm o prazo de dez dias para restituí-los. Essa literatura excessiva dá-nos afinal a ideia de que foi impressa e encadernada para embromar o visitante. É absurdo enlear-se um povo em sinais miúdos, antipáticos. Lá fora, se nos coage o desagradável ofício de manchar papel, resignamo-nos a isso, engulhando: não temos nenhum prazer em redigir. Somos forçados — é preciso levar o original ao editor. Pouca gente nos lê — e vingamo-nos dizendo que não escrevemos para a massa ignara: escrevemos para nós mesmos. Apesar de tudo, publicamos os nossos desconchavos interiores. Extravagância. O público torce o nariz — e cada vez mais nos enterramos. Aqui não nos facultam o direito de exibir pequeninas misérias e brilhante ignorância como superioridades. Enchem-se bibliotecas, voam tiragens, há filas diante das livrarias, mas os leitores são exigentes, dirigem-se aos autores em cartas nem sempre amáveis. Percebem um erro em tal página, incongruência, omissão. O escritor é chamado a explicar-se. Entrega-se a um júri esquisito. Para julgar direito, os pioneiros do Palácio Beria queimam as pestanas. Os literatos dizem talvez que não têm obrigações desse gênero. Como não? Enquanto os papéis estiverem na gaveta, bem. Se forem para a composição e entrarem no mercado, o freguês pode argui-los a respeito de um solecismo, de qualquer disparate em geografia ou estatística. Enormes edições, muito bem pagas. Contudo os indivíduos que se empregam nisso têm deveres graves. Impossível expor as suas doenças como fatos normais, indispensáveis, e exigir que todos os homens sejam doentes. A higiene condena certas belezas propagadas com elogios noutros lugares. Esmiuçando o catálogo, não vi sinal delas.

Apresentaram-nos depois as duas artes infalíveis aqui: dança e teatro. Acabamos perguntando se não estávamos num país de bailarinos e atores. No enorme recinto, lembrei-me da sala Tchaikovsky, vista dias antes, em Moscou. Mulheres de roupagens amplas formavam círculo, deslocavam-se em movimentos quase imperceptíveis, imperceptíveis e enfim nos parecia que se imobilizavam de todo e o palco se movia. Agora as pioneiras do Palácio Beria nos davam a mesma ilusão. Imóveis — e o solo a girar, lento. Vieram, em troca, sapateados rijos, pés a bater no chão como patas, rapazes a mexer-se de cócoras, sem juntas, o furioso exercício, as piruetas executadas na recepção da Voks. Ao cabo dessas tremendas violências, o intérprete falou:

— Um grande pianista brasileiro está entre nós. Quer dar-nos qualquer coisa?

Na surpresa, Arnaldo Estrela estendeu os olhos em redor, como se o convite se dirigisse a outra pessoa; desenroscou-se vagaroso, com um rosto de criança amuada, foi ao piano — e o folclore do Rio Grande do Sul veio lembrar-me uma difícil viagem a Porto Alegre. Findos os aplausos, levaram-nos a ver marionetes, uma história de bichos com boa lição. A raposa alarmava os habitantes pequenos do bosque. Os desgraçados viviam em receio contínuo; os pássaros metiam-se nos buracos das árvores, mostravam a cabeça, tímidos, recolhiam-se de novo, cantando tristes; e o animal sanguinário corria de um lado para outro, buscando atraí-los com muitas lábias, uma plataforma política safada, a que ninguém dava a mínima confiança. Numerosas carreiras, numerosos sustos. Um caçador chegou à ribalta, levantou a espingarda, fez a pontaria, deu um tiro na raposa — e acabou-se o espetáculo.

Muito bem. Todos os pássaros se manifestaram alegres. E alegres nos afastamos. Num corredor felicitamos os artistas, que saíam conduzindo os seus fantoches. Garotos de doze anos. Ainda não se dedicavam à literatura. Felizmente.

(1 – Agosto – 1952)

22

(2 – Agosto – 1952)

Rua do Cáspio, número 7. É uma bela casinha de varanda clara, erguida sobre um jardim coberto de sombras. Fizeram-na em 1937, ou antes, refizeram-na, pois a polícia havia dado cabo dela, e das ruínas apenas restavam muros escapos ao fogo. Aqui vão pedaços da história desse monumento exíguo, narrados à pressa quando o visitei.

No princípio do século, na prisão de Kutaissi, Stalin imaginou uma tipografia clandestina. Miro Bochoridze encarregou-se de organizá-la. Entendeu-se com Rostomachvili, que cedeu um terreno, e a 7 de outubro de 1903 as autoridades licenciaram a construção do edifício. Este se levantou em pouco tempo, e nenhuma suspeita causaram as esquisitices nele realizadas. Cavou-se uma espécie de adega, que serviria para a conservação de frutos; meteu-se nela o material da oficina, logo oculto sob uma camada espessa de tijolos. Na vizinhança abriu-se um poço, abandonado e lacrado antes de chegar-se ao fim. Nova cacimba, onde ainda se veem buracos nas paredes, equidistantes, próximos, que poderiam servir de escada, ligou-se à primeira por um túnel estreito e baixo. Daí outra passagem subterrânea levava à oficina. Trabalhando em turnos, os operários que efetuaram essas obras nenhuma ideia tinham do conjunto. Em novembro as coisas estavam concluídas. Miro Bochoridze foi viver na casa. E várias publicações emergiram da caverna arranjada sete metros abaixo do solo, para a conservação de frutos. Os frutos que saíram dessa profundidade, metafóricos e ácidos, originaram muita dor de cabeça ao governo. Deixando a sala escusa, entravam num corredor mesquinho, atingiam a primeira cisterna, chegavam à segunda e aí, num balde, se elevavam à superfície. Horas depois se distribuíam lá fora. Realmente aquilo não era fruto: era cupim, um teimoso cupim refratário, impertinente, a que não se aplicava nenhum inseticida. Uma praga. Dois anos e meses os bichinhos da treva roeram em três línguas — russo, georgiano, armênio — poderosas instituições. Numerosos livros vieram a lume, e a *Luta Proletária*, jornal excomungado, composto e impresso ali na cova, circulou até 1906. Nessa altura os homens da lei acharam a toca dos facínoras. Um tipo chegou, fazendo perguntas sem pé nem cabeça; outro veio, examinou o poço, julgou que os buracos das paredes fossem degraus. Tudo se esclareceu — e aliviou-se a justiça de Sua Majestade. No dia 15 de abril, cento e cinquenta defensores da ordem puseram cerco ao perigoso refúgio, que foi destruído e queimado. Prenderam-se vinte e quatro pessoas. E o dono da casa, condenado a trabalhos forçados, marchou para a Finlândia.

    De então para cá muita água correu debaixo das pontes. E em 1937 restaurou-se a casinha, observando-se o plano original. Insignificantes alterações de nenhum modo a prejudicam. E eram indispensáveis quando aquilo se tornou museu. Curvamo-

-nos à beira do poço, vemos os orifícios reveladores da maranha, a corda segura ao balde. Mas ninguém pode exigir que desçamos o bueiro vertical e difícil, pé aqui, pé acolá, e passemos aos túneis, como os revolucionários de 1903. Vão conosco algumas senhoras, incapazes de semelhante ginástica. Hoje a tipografia está visível, e para irmos lá caracoleamos numa escadinha.

Bem. Agora é possível tocarmos os rudes objetos que aqueles viventes enérgicos utilizaram na imensa tarefa. Avizinho-me do prelo:

— É autêntico?

— Autêntico.

Ora vejam. Cento e cinquenta ferrabrases tinham arrasado, incendiado — e isto os contentara: arrasar, incendiar o exterior. Uma fundura de sete metros não lhes despertava o mínimo interesse. Queimaram tudo por fora. E o que havia dentro ficou, está perto de nós, ao alcance dos nossos olhos e das nossas mãos. Pego a alavanca da máquina velha, tento movê-la. Dura, emperrada. Falta lubrificação, é certo. Mas o azeite não adiantaria grande coisa. Com certeza exigia enorme esforço manejar o ronceiro mecanismo, arrancar livros e jornais dele, num parto duro, ferrugento. Lembro-me dos vinte e quatro redatores, compositores, impressores, metidos na cadeia em 1906. Músculos rijos e enorme paciência. Quase dois anos e meio enterrados como tatus.

Aproximo-me das caixetas. Não são as verdadeiras, informa o guia antes de mostrar-me curioso; estão ali para compor o ambiente. As verdadeiras sumiram-se. Com os diabos! Honestidade excessiva. Não custava dizer que as caixetas eram as mesmas usadas em 1903. Quem tinha meio de investigar isso?

A um canto, alguns tamboretes mal-amanhados, vasilhas de barro, grosseiras. Históricas, afirmam, as que se achavam neste lugar por ocasião do incêndio. Não tenho dúvida: o guia é um sujeito demasiado honesto. Admiro as bilhas rudes, os móveis toscos, receio mexer nessas relíquias, desvio-me supersticioso, subo a escada, o pensamento a remoer a notícia que me deram lá embaixo.

Um dos tipógrafos daquele tempo e daquela empresa ainda vive. Tem setenta e cinco anos. Diabo! Eu precisava falar com esse homem. A conversa dele me seria mais útil que a longa exposição feita esta manhã. E não posso vê-lo: tenho de viajar à noite.

(3 – Agosto – 1952)

23

(4 – Agosto – 1952)

Não pudemos voar: recebemos a notícia de que o tempo não apresentava condições de perfeita segurança, e resolveu-se a viagem por estrada de ferro. Chegamos à estação às dez horas da noite. Aí nos disseram que o trem de Sukhumi partiria às onze, e ficamos a passear na gare, perto das bagagens. De repente me achei tolhido: os movimentos decresceram, findaram, a voz esmoreceu, os queixos cerraram-se. O frio me atacou de chofre, pior que um acesso de maleita. Já me havia sentido pouco mais ou menos assim em Moscou, certa manhã, quando me arriscara a andar nas ruas sem agasalho; mas aí podia mexer-me, embora tivesse as orelhas insensíveis. Agora me achava paralisado; nem tremia. Alguém me pôs um sobretudo em cima dos ombros. Com enorme esforço, levantei a gola e meti os botões nas casas, mas a algidez continuou. Era aquele desgraçado vento do Cáucaso. Num país de clima temperado a cruviana descia de golpe e nos pregava uma peça, como se as neves eternas, vistas com respeito dias antes, decidissem abandonar a montanha clássica, entrar na roupa de infelizes americanos desprevenidos.

— Com a breca! Esse trem não sai?

Afinal saiu. Entrando no carro, mostrei as mãos:

— Vejam que miséria.

Os dedos, até as palmas, estavam brancos, de um branco amarelento, cor de marfim; não havia neles uma gota de sangue. Kaluguin temeu congelação, levou-me ao restaurante. Um copo de vodka. Pouco a pouco a lividez cadavérica se atenuou, a sensibilidade voltou, os membros emperrados mexeram-se. A temperatura subiu rápida, e o comboio mergulhou na treva.

Recolhi-me. Um dormitório confortável. Por detrás de janelas e portas bem fechadas, esqueci as perfídias lancinantes que desciam do Cáucaso e adormeci logo.

Desembarcamos em Sukhumi pela manhã. Dias antes, de passagem, tínhamos estado meia hora, enquanto o avião descansava, na cidadezinha de cinquenta mil habitantes. Assim pequena, recebeu título pomposo: é capital da Abkhasia, região encravada na Geórgia. E aqui vemos como é difícil entenderem-se os homens da União Soviética. Na Abkhasia quinhentos mil indivíduos servem-se de uma língua muito diversa do georgiano. E em certo lugar da Abkhasia surge um novo idioma. Assim, numa diminuta república de três e meio milhões de pessoas usam-se três línguas. Se o russo não fosse obrigatório nas escolas, teríamos a confusão. E realmente foi por estas bandas, ali à direita, que se ergueu a torre de Babel. O impedimento bíblico permanece.

Sukhumi é estação de repouso. Largas ruas de prédios modernos, sanatórios, balneários; e cardos, palmeiras, uma vegetação tropical absurda nestas paragens, fazem-me achar duvidoso o frio intenso da véspera. Excelentes hotéis. Almoçamos num deles. E, entrando em automóveis, seguimos viagem por uma estrada que ciprestes marginam. Um mosteiro caduco se arruinava num dos contrafortes da serra. Como se chamava? Deram-me o nome, espicharam datas e sucessos; com certeza grafei tudo errado — e não me aventuro a expor conhecimentos arranjados à pressa, numa carreira de oitenta quilômetros por hora, quase ilegíveis. Oliveiras, bananeiras, figueiras, tangerinas, eucaliptos. As oliveiras eram-me desconhecidas, mas as outras plantas, familiares, mostravam-me pedaços do Brasil. Para bem dizer, não me sentia estrangeiro; esses conterrâneos verdes ambientavam-me depressa; tive a ilusão de que a terra hospitaleira me convidava a ganhar raízes também.

Rodamos noventa e cinco quilômetros, e à tarde alcançamos Gagra, à margem do mar Negro. É um lugarejo arrumado a capricho, onde passam as férias numerosos trabalhadores da União Soviética. Um grande parque. Os edifícios novos de colunas altas, feixes de colunas, fizeram-me pensar nos palácios vistos em Tbilissi. No jardinzinho do restaurante, quebravam a monotonia das flores algumas bananeiras enfezadas, magras, insignificâncias que não dariam frutos. Vendo essa beleza degenerada, um brasileiro julgou-a decorativa. Em frente ao pequeno hotel, próxima, estendia-se a praia escura. Necessário descer, pisar nela, ver com respeito as águas que trirremes gregas percorreram. Seriam na verdade trirremes? De qualquer forma os gregos andaram por aqui, isto é um mar histórico em excesso, precisamos dedicar-lhe reverência. As ondas fabricaram obras de arte curiosas que rangem debaixo dos nossos sapatos americanos, bárbaros. Difícil marchar sobre essas coisas venerandas, instáveis: pedrinhas esféricas, ovais, chatas, umas negras cobertas de elipses brancas, certinhas, a exibir uma geometria digna de apreço. Não resistimos ao desejo de guardar alguns calhaus cheios de curvas e trapalhadas. Bons para segurar papéis. Meses depois, em nossa terra, à banca, revolvendo os miolos, suspenderíamos o trabalho às vezes e, olhando os traços claros em fundo preto, lembrar-nos-íamos de Kaluguin, da sra. Nikolskaya, das lendas homéricas.

(7 – Agosto – 1952)

24

(9 – Agosto – 1952)

Visita a uma casa onde repousam trabalhadores da indústria do chá. Passam aqui as férias, um mês por ano. A permanência custa setecentos rublos, mas eles apenas pagam trinta por cento; o resto é pago pelo sindicato. Esses números já nos tinham sido expostos. Lembrei-me os ter ouvido pela primeira vez na fábrica de meias, em Tbilissi. Provavelmente iriam repisá-los noutros locais de trabalho ou descanso. Receiam talvez que não lhes demos crédito, e as informações chegam à monotonia. Não achamos incongruência, temos de admiti-las, embora realmente nos pareçam estranhas. Originários de outro mundo, habituamo-nos à insuficiência dos hospitais, das escolas, das maternidades, conservamos no espírito a mesquinharia burguesa, não nos podemos livrar dela, e achamos quase impossível existirem cômodos para todas as pessoas forçadas à vilegiatura anual.

Pouco a pouco se desfazem as dúvidas. Precisamos despojar-nos de hábitos e ideias incompatíveis aqui. No estabelecimento de repouso aboletavam-se, quando lá estivemos, oitenta indivíduos, homens e mulheres. Há em Gagra, um lugarejo, vinte e sete casas semelhantes e várias em construção. Teríamos, sem falar nessas, dois mil cento e sessenta hóspedes na cidadezinha, aves de arribação cada mês substituídas por outras. Mas o que vemos é simples amostra. Esses hotéis espalham-se por toda a União Soviética, e não esperamos achar aqui gente da Sibéria e do Báltico.

As sombras de um grande parque nos acolhem, belos canteiros de rosas amarelas e vermelhas. À entrada surge uma extensa mesa coberta de envelopes e jornais: a correspondência dos hóspedes. E enfiamos pelos corredores, invadimos peças, vendo, esquecendo logo, anotando para que não se perdessem as ligeiras observações, numa curiosidade leviana de turistas propensos a entender as coisas com rapidez.

Nas salas vastas, jogadores, entretidos nos lances do xadrez, nem pareciam dar pela nossa presença. Admirava-me não distinguir neles nenhum dos sinais entre nós perceptíveis na classe obreira: gestos esquivos, olhares suspeitosos, maneiras bovinas, indícios de pensamento lerdo. Parecem desconfiar das criaturas bem-vestidas e educadas. Certo crítico, anos atrás, me insinuara utilizar num romance os camponeses do Nordeste. Apesar de sertanejo, achava-me incapaz de fazer isso, e antes de viver com esses homens na cadeia, dormindo nas esteiras podres e dividindo fraternalmente os percevejos, não me arriscara a aceitar o conselho. Aqui se atenuaram as diferenças, afinal desapareceram; os indivíduos que jogam xadrez são aparentemente iguais a nós, não têm motivo para julgar-nos inimigos. Ainda estamos longe deles, é claro: somos estrangeiros — e, embora vivamos do nosso trabalho, fomos criados na reverência aos tipos hábeis que vivem do trabalho dos outros. E admiramos haverem-se apagado aqui as divergências. Ocorrera-me, passeando em Moscou, fazer uma pergunta: "Mme. Nikolskaya, essa moça aí perto é empregada em oficina ou em repartição pública?" A sra. Nikolskaya examinara a mulher por todos os lados e concluíra: "É impossível saber. Não achamos distinção." Moscovita, a sra. Nikolskaya se revelara incapaz de satisfazer-me a curiosidade. Um ofício não é superior a outro — e os homens tendem a uniformizar-se. Essa ideia choca o nosso individualismo pequeno-burguês: achamos vantagem nas discrepâncias, receamos tornar-nos rebanho. E nem vemos que somos um rebanho heterogêneo, medíocre, dócil ao proprietário. Queremos guardar o privilégio imbecil de não nos assemelharmos ao vizinho. Enfraquecendo-nos, julgamo-nos fortes. Realmente, somos bestas.

Surpreende-nos o ar de segurança, a firmeza dos indivíduos que mourejam na indústria do chá. Donde vêm esses modos? Certamente da convicção plena de não estarem a dever nenhum favor. Nos dormitórios confortáveis acham-se em casa. Três camas, poltronas, armários, escrivaninha, lavatório. Cadeiras estofadas e divãs num largo corredor. Percorremos diversos apartamentos. Nos maiores alojavam-se stakhanovistas e heróis do trabalho. Essa diferença no tamanho indica estímulo apenas; os móveis são iguais aos das outras peças. As criaturas não se nivelam, como se afirma no exterior. Percebemos divisas em toda a parte, valores que não conferem nenhuma vantagem material. Condecorações, as fitas e as medalhas distribuídas largamente.

Descemos ao refeitório. Dezoito mesas. Demos uma vista à copa e à cozinha, vastas e limpas. Conforto. Esse conforto não veio de graça, não é esmola jogada a miseráveis desejosos de entrar na cova. Não: presenciamos um hiato nas ocupações normais. Lacuna obrigatória. Fingem arrepiar-se lá fora ouvindo uma frase maluca: existe aqui o trabalho forçado. Os patrões se escandalizam, manhosos: querem fazer-nos admitir que noutros lugares conseguimos, na pobreza, viver ociosos. Mostra-se agora o reverso da medalha: o repouso forçado. Ninguém se livra dele. Não estão a impingir-nos uma organização filantrópica; isto significa uma necessidade econômica: o labor contínuo arruinaria os corpos.

Outra vez a hipocrisia torce o nariz: os homens equiparam-se às máquinas, vêm consertar molas estragadas, metem-se depois na oficina, como se não tivessem almas. Não é o que vemos. Os teatros regurgitam, multiplicam-se as escolas, o número de bibliotecas é enorme, em qualquer museu surgem grupos de estudantes. E há os clubes, os palácios de cultura, exibidos com certo orgulho, é claro, pois lá fora não existe coisa semelhante. Se as almas quiserem mais, exigirem santos, missas, estão no seu direito. As igrejas foram restauradas, e a conservação delas custa dinheiro grosso. A mãe da sra. Nikolskaya não dispensa os ícones, as velas acesas. Não lhe proíbem tais necessidades. Respeitam-lhe a crença, a família evita cuidadosa uma palavra ofensiva a Deus e aos anjos.

(14 – Agosto – 1952)

25

(14 – Agosto – 1952)

No pátio largo distingui algumas dezenas de homens e mulheres, sentados, recostados em preguiceiras, buscando calor no sol frio da manhã. Se a lembrança não me engana, estavam magros, pálidos, absortos. Nenhum pareceu dar pela nossa presença. Doentes do sistema nervoso. Olharam-nos, vagos, distantes, ou nem olharam; e, receando importuná-los, mudei a vista, firmei-me na competência verbosa do médico: noventa e nove por cento das pessoas recolhidas ao sanatório conseguiam melhora. O hábito de pôr em dúvida a palavra oficial induziu-me a pedir confirmação:

— Noventa e nove?

O psiquiatra repetiu o número. Noventa e nove. E ainda havia uma fração. Bem. Não havia motivo para embasbacar-me: a elevada percentagem não se referia a curas, mas a vantagens alcançadas no tratamento.

Deixamos o pátio, entramos na sala de jantar, onde se arranjam setenta mesas e doze empregados servem os duzentos hóspedes que agora existem na casa. Quatro moças trabalham na copa.

Invadimos a cozinha. E dispunha-me a examinar as panelas, os caldeirões, as frigideiras, quando uma cena teatral me fez esquecer por algum tempo o caderno de notas e o lápis. Kaluguin abandonou de repente o seu dever de cicerone e caiu nos braços de um dos seis homens que, de avental e capacete, se azafamavam junto aos fornos. Efusão ruidosa, gestos largos, um extenso diálogo no idioma insensato. Surpreendia-me a camaradagem viva, esforçava-me por entender como se harmonizavam tão bem o redator de uma grande revista e um sujeito ocupado em ofício mesquinho. Findas as expansões, o jornalista apagou-me a curiosidade: apresentou o cozinheiro Sokolov, seu antigo aluno. Kaluguin dedica-se a esportes e é professor de remo. Sokolov estudou nos cursos especiais de culinária do Instituto de Alimentação da Academia de Ciências da URSS. Os cotovelos sobre a mesa larga, o queixo nas palmas, os dentes expostos num sorriso, falava ao amigo, que me traduzia pedaços da conversa.

Despedi-me atordoado. Habituara-me a julgar somenos o emprego de Sokolov — e a realidade, entrando-me pelos olhos, agitava ideias contraditórias. Subimos, descemos escadas, passamos num salão cheio de flores. Um curso na Academia de Ciências para manejar caçarolas. Não me conformava. Onde se viu isso? Devia conformar-me: cada terra com seu uso. Explicava-se a familiaridade: o cozinheiro não tinha razão para considerar-se inferior ao articulista. Sokolov era um químico.

Este apartamento foi arrumado com decência e gosto: quatro camas, divã, lavatório, armários. Apartamento para família: três peças, duas camas, lavatório, divãs, poltronas, tabuleiro de xadrez. Rumor de carambolas nos guiou a um salão de bilhares. Em dois terraços, deitados em espreguiçadeiras, alguns pensionistas descansavam. Existem no cinema cento e quarenta cadeiras. Indicaram-nos outro cinema lá embaixo, ao ar livre. E um campo de tênis. Diversas mesas com tabuleiros de xadrez.

Meti-me num corredor longo, cheguei a uma saleta onde cinco mulheres costuravam. Duas me falaram; não as compreendi, naturalmente, nem elas me compreenderam. Nesse ponto surgiu Tchimakadze, livrou-me do apuro. Começou expondo às senhoras a minha terra e a minha profissão; por escrúpulo excessivo, traduziu-me o que havia dito. Como ele me enfeitasse com vários adjetivos imerecidos, reclamei:

— Não, homem. Não é isso.

— Foi o que me disseram — respondeu Tchimakadze arregalando os olhos miúdos. — Não é o senhor? Enganei-me: provavelmente é outro.

— Não, criatura. Sou eu mesmo. Apenas não possuo as qualidades a que o senhor se referiu. Sou um escrevinhador vagabundo.

Tchimakadze ouviu-me atento e sério; de nenhum modo parecia enxergar modéstia na minha afirmação: com certeza eu me conhecia direito e não me afastava da verdade. Refletiu, dirigiu-se às georgianas; penso que eliminou os adjetivos. Em seguida resumiu as circunstantes: três eram professoras.

— O senhor vai escrever sobre a União Soviética? — perguntou-me uma delas.

— Nem sei, minha senhora. Acho que não. Faltam-me observações, demoro pouco.

Travamos ligeiro cavaco, minuciosamente vertido pelo rigor honesto de Tchimakadze. Uma sílaba, das raras providas de senso, no meu juízo, mostrou-me que as interlocutoras falavam russo. É uma palavrinha assertiva, de consumo largo, e nunca vem só: duplica-se, multiplica-se. Uma única pessoa, o oficial condecorado, na casa de óptica, me surgira conciso: atirara-me a expressão curta com dureza, como se jogasse uma bomba, e não renovara o golpe. Em geral a afirmativa se repisava duas, três, até cinco vezes, e isto me fazia pensar em tiros de metralhadora.

— Se deseja conhecer a alma russa — alvitrou uma das senhoras —, não deixe de ir ao Volga.

Conselho inútil. Agradeci e retirei-me. Não me era possível ir ao Volga. E se fosse possível, deter-me-ia ignorando sempre a alma russa: para entendê-la seria preciso que eu tivesse alma igual. E éramos diferentes. Reduziam-se as distâncias, mas as línguas nos afastavam. Sentia-me na dependência de Tchugunov, de Kaluguin, da sra. Nikolskaya, de Tchimakadze. Muralhas nos separavam de gente próxima. Queriam dar-nos muito, e estávamos forçados a receber migalhas.

Descendo a escada, sorri lembrando-me da migalha aqui jogada com largueza: o vocábulo aprobativo, duas letras que se alongam, tornam-se polissílabo, uma cadeia de afirmações. Não me era possível conhecer a alma russa. Perdiam-se os bons intuitos das professoras. Da alma russa eu percebia retalhos. Surpresas boas. A amabilidade excessiva leva este povo quase a desculpar-se de ser amável. Isto eu podia notar sem ir ao Volga. A sílaba, usada em excesso, tomava grande significação. A migalha crescia. Desejo de concordar conosco, repetir a concordância duas, três, cinco vezes.

(16 – Agosto – 1952)

26

(17 – Agosto – 1952)

Á RVORES domesticadas a tesoura socializavam-se no jardim do sanatório. Descemos a escadaria larga, de pedra; recebeu-nos uma profusão amável de flores desconhecidas, manchas vivas e alegres no ar luminoso. A viração discreta insinuava-se na folhagem, e asas esquivas procuravam refúgio. Numerosas estátuas, mas não nos era possível entender o que representavam. Deviam estar entre elas os poetas do século X, ou mais velhos, motivos de orgulho nacional. Palmeiras altas exibiam dardos inofensivos, ornamentais. Avizinhei-me delas com simpatia.

Incapaz de achar sentido no mármore, acolhi-me à sombra de plantas que me poderiam dizer qualquer coisa. Vegetais amigos. De repente uma surpresa me embasbacou: entre caules estranhos, folhas esquisitas, surgiu-me um pé de quipá. Abri os olhos, capacitei-me de não me haver enganado. Num instante esqueci as palmas que se agitavam mansas na aragem, os troncos armados de puas inócuas: esses viventes eram talvez originários dali, parentes de outros do meu país. O pé de quipá, brasileiro como eu, nascera no sertão, viera acomodar-se no ambiente impróprio. E isolava-se, nem um companheiro. Juntei recordações da infância; o Nordeste queimado ressurgiu, a campina deserta onde avultavam, de espaço a espaço, nódoas verdes como aquela, próxima dos meus dedos. Examinei o patrício desterrado, sem receio de ferir-me nos espinhos, e caímos num diálogo silencioso. Um cardo como os outros da minha terra, inteiramente igual; nada sofrera na adaptação. Metro e meio de altura, mais ou menos. Bem grande, sim senhor; tamanho razoável. Não se distinguia dos que utilizei com abundância em vários livros e tornaram as minhas páginas secas, ásperas, espinhosas. Como diabo tinha vindo ali ganhar raízes aquele pé de quipá? O conterrâneo fragoso não me deu resposta. Nesse ponto uma senhora de bata clara interrompeu-me a conversa e ofereceu-me lugar num banco. Sentei-me; a criatura ficou de pé. Levantei-me:

— Quê? A senhora não se senta?

Acomodamo-nos. Observei-a de esguelha. Teria uns vinte e cinco anos, e na terra das mulheres belas, era uma das mais belas que me haviam aparecido. Atentando na roupa branca, perguntei:

— A senhora é médica?

Balançou afirmativamente a cabeça. Tentei iniciar uma palestra, que não se diferençou muito da mantida pouco antes com o pé de quipá. A moça, calada, às vezes fazia gestos. Aí o infalível Tchimakadze veio trazer-nos a sua oportuna eficiência:

— A doutora Dadiani compreende o senhor. Mas não fala essa língua. Vou traduzir o que ela diz.

Para começar, formalista, fez a apresentação, valorizando o encontro:

— A doutora Dadiani pertence à maior nobreza do Cáucaso. É uma princesa da Mingrélia, Geórgia ocidental.

— Como?

Engoli em seco, atrapalhei-me: não estava nos meus cálculos a volumosa ocorrência. Filho do Nordeste, bárbaro, afeito às compridas estiagens, à sede, à fome, às fugas periódicas, não me convenceria da existência de princesas, metáforas, sem dúvida, vistas em romances para embromar-nos. Refleti, busquei firmar-me na realidade:

— Não existem princesas, monologuei. Existiram noutras épocas, viram David o Construtor e Shota Rustabeli. Anacronismos. Oferecem-me disparates amáveis neste incrível país: uma quipá verdadeira, disparate no espaço; uma genuína princesa, disparate no tempo.

Consolidei-me. Afinal o cardo estava ali ao alcance da mão, podia magoar-me se quisesse; e o anacronismo tinha vinte e cinco anos, no máximo, era um lindo anacronismo louro, de pele cor de nata e olhos muito azuis. Tomei fôlego e, ainda meio indeciso, informei-me, rude e matuto:

— A senhora é realmente princesa ou isso é história do Tchimakadze?

A admirável criatura perturbou-se, corou, balbuciou:

— Não. Príncipes eram meus avós, mas não conheci essa gente.

E, um minuto depois:

— Que adiantava serem príncipes? Uns analfabetos. Há cem anos, eu teria sido analfabeta, como eles. Hoje tenho um curso, vivo do meu trabalho.

E largou o assunto, meia hora revelou o desejo de instruir-se a respeito do Brasil. Quis saber se o português era muito diferente do francês. Achei que sim; Tchimakadze discordou: parecidas, quase iguais. Ao cabo de ligeira experiência, confessou não entender uma palavra da minha língua.

O fotógrafo apanhou-nos de improviso; a flora e a fauna da zona tórrida, em dois espécimes exíguos, ficaram no jardim magnífico, admirando a nobreza e a beleza da Mingrélia. Uma frase me voltava ao espírito: "Vivo do meu trabalho." Perfeições como aquela arranjavam-se bem noutras partes, longe do trabalho.

Kaluguin, a alguns passos, nem percebia a Mingrélia. Dias antes eu lhe havia indicado um grupo de georgianas: "Veja esses encantos." "Não gosto, respondera o infeliz. Não são os meus tipos." Agora, diante da princesinha, senti a exigência forte de injuriar Kaluguin: "Monstro. Bicho desalmado. Cita. Abra os olhos."

Súbito a moça renovou a matéria do princípio: no exterior algumas pessoas tinham-se apresentado com o nome dela, mas não eram da sua família. Realmente, anos atrás, no Brasil, um sujeito se dizia príncipe Dadiani. Afinal se verificara o embuste: não era príncipe nem Dadiani. Sorri pensando naquele desprezo aos ascendentes analfabetos. Apesar de extintos, pulverizados, a neta repelia a ideia de vir alguém mexer-lhes os sepulcros, roubar-lhes um título que ainda inspira reverência a Tchimakadze.

Erguemo-nos. Alcançando o automóvel, fiz uma despedida sem pé nem cabeça, como se nos pudéssemos rever. A princesa Dadiani falou direto, recusando o auxílio do intérprete:

— Até a vista, senhor.

(18 – Agosto – 1952)

27

Na vizinhança de Kheivani, aldeia próxima a Gagra, camponeses russos e georgianos estabeleceram em 1940 um kolkhoze, que em pouco tempo deu vida e riqueza a uma região deserta.

Fomos ver isso. O presidente do kolkhoze, homem simples, nos encheu de informações, acumulando minúcias que às vezes nos perturbavam. Necessário pedir-lhe que falasse mais devagar. Quinhentas e oitenta famílias, em dois mil e cem hectares, cultivam tabaco, uvas, laranjas e limões, dedicam-se à apicultura e à criação. Setecentas cabeças de gado vacum, três mil cabeças de gado miúdo, mil e quinhentas colmeias. Os pomares estendem-se por duzentos e cinquenta hectares, há cinquenta hectares de parreiras, cento e vinte de frutas cítricas, cento e sessenta de tabaco. Além disso, planta-se trigo e planta-se milho. Estação hidrelétrica, serraria, estufas, olaria em construção. A assembleia dos trabalhadores reúne-se de ordinário uma vez por mês. É ela que escolhe a administração. A receita o ano passado foi de sete milhões e quinhentos mil rublos. Um milhão e duzentos mil rublos reservaram-se a obras indispensáveis; vinte e dois mil à cultura: clubes, jornais, biblioteca; cinco milhões foram distribuídos entre os kolkhozianos. Cento e sessenta mil rublos destinam-se aos velhos e aos inválidos. Há trabalhadores que ganham trinta a quarenta mil rublos num ano, fora o que lhes toca em gêneros: quatrocentos gramas de batata por dia, trezentos gramas de mel, meio litro de vinho. Examina-se, para fixar o salário, a quantidade e a qualidade do trabalho. A assembleia determina a quantidade, e os camponeses que se esforçarem muito recebem pelo que produzirem, calculado em dias de trabalho. Assim, é possível um homem alcançar quatrocentos ou quinhentos dias por ano. Houve quem chegasse a novecentos. A média é de trezentos e dez dias. Além do trabalho no kolkhoze, cada família dispõe de meio hectare para cultivo particular; permitem-lhe ter duas vacas, porcos, carneiros e aves domésticas em número ilimitado. Pode ter cavalos, mas prefere motocicletas. O kolkhoze, de cultura técnica, ainda é considerado principiante. Envia ao governo o tabaco produzido, que é pago à razão de vinte rublos o quilo. Entregue o que se estabelece em contrato, o governo compra o excesso pelo duplo desse preço. Existem aqui doze heróis do trabalho socialista, um deles duas vezes herói. Trinta e oito camponeses receberam condecorações. Há duas escolas secundárias (numa se usa a língua russa, na outra a georgiana) e seis escolas primárias (quatro adotam o georgiano, duas o russo). Sessões de cinema duas vezes por semana. Hospital, ambulatório, as oito escolas, tudo por conta do governo.

O presidente referiu-nos isso com riso abundante. Mujique antes da revolução, está rijo e espera viver um século, em conformidade com o hábito da família: o pai morreu aos cento e dez anos; a mãe ainda vive e completou cento e quatro. Esse homem loquaz e risonho tem apenas o curso primário. Seus filhos andam nas universidades.

Fomos ver as plantações, mas era domingo: o tabaco, as uvas, as laranjas e os limões descansavam. Aqui e ali, distinguimos pessoas ocupadas em cultivar o meio hectare que a administração lhes concede.

No regresso visitamos algumas casas de trabalhadores. Vou descrever uma delas. Sala com mesa de jantar, divã, duas camas, vitrola, estante, quadros, espelhos; num quarto, duas camas, armário, mesa, quadros, mapas, cadeiras, estante; na cozinha, o fogão, uma arca, máquina de costura, ferro de engomar, um grande mapa em cima do fogão. Um rádio, invisível, tocava.

Entramos na residência de uma cidadã que teve doze filhos: cinco machos e sete fêmeas. Vejam só. Na minha terra isso é considerado absurdo. As pessoas ricas não se aventuram a tal coisa. Se se aventurassem, a fortuna se dividiria, a numerosa descendência viveria em aperto. E os pobres que se desconchavam em semelhante imprevisão acabam fatalmente na miséria. Pois neste país o enorme contrassenso é julgado heroísmo. A mulher que pôs no mundo uma dúzia de rebentos, vivos todos, vermelhos e fortes, recebeu condecoração, que ali vemos, presa a uma tapeçaria. Mora em vasto prédio confortável: seis peças no andar térreo. E a mobília daria um catálogo enfadonho.

Dirigimo-nos a outra casa, pouco maior que a primeira. Tapeçarias na sala principal, uma ruma de livros. O chefe da família, homem de setenta anos, fez-nos sentar à mesa, que pouco a pouco se cobriu de carne, pão, legumes, queijo, doces. Bandejas de conhaque e garrafas de vinho circularam. Um banquete com muitos discursos. E se fôssemos aceitar o líquido que nos queriam forçar a beber, ficaríamos lá deitados. Velhos amáveis, rapazes alegres, raparigas sérias, retraídas. O dono da casa pediu notícias do Brasil. Ao saber que não íamos como ele supunha, murmurou com desconsolo:

— Então é porque não trabalharam bem.

Não trabalhamos. Realmente não trabalhamos. Quando possuiremos kolkhozes como este? Quando, entre nós, terão prosperidade a terra fértil e as mulheres férteis?

(Moscou – 22 – Maio – 1952)

28

(20 – Agosto – 1952)

Deixamos Gagra ao cair da noite, chegamos a Gori pela manhã. E, depois do almoço, dirigimo-nos a um arrabalde que hoje atrai viajantes do mundo inteiro. Na verdade, foi essa visita a razão da paragem. Descemos dos carros, avizinhamo-nos de um monumento, donde se avista a cidadezinha encostada a um morro. Prédios rudes, um zimbório, com certeza ali deixado pelos turcos.

Bem. O monumento a que nos referimos é apenas uma casa miúda, de tijolos nus, sem reboco. Agora cresceu e está defendida, mas há pouco tempo se arruinava, mesquinha, no abandono. Até 1935 nela viviam os proprietários, os Kulumpegachvili. Aí se lembraram de restaurá-la. E em 1936 construíram em cima dela um pavilhão. Essa bela máscara a protege e remoça, dá-lhe aparência grandiosa. Mas queríamos vê-la na pequenez e na humildade, enquanto alinhávamos à pressa retalhos da sua história.

Passamos uma das colunatas que franqueiam, iluminam as quatro faces do edifício, avançamos no pavimento de lajes brancas, negras, enorme tabuleiro de xadrez; abeiramo-nos da casinha, subimos alguns degraus. São dois quartos apenas — e nessas miudezas alojaram-se duas famílias. Em 1879 o velho Djugachvili, sapateiro, alugou uma das peças a Kulumpegachvili e aí se arrumou, com a mulher e o filho, até 1883. Se os outros dois filhos de Djugachvili ainda existissem, dificilmente o grupo se acomodaria naqueles doze metros quadrados. A morte deles dera lugar aos pais e ao irmão mais novo, de teimosa resistência, como se viu depois. Esse garoto, nascido em 1879, chamava-se José — e destinava-se à profissão religiosa, pois o ofício de sapateiro rendia pouco e era muito duro. Hoje se chama Stalin. Recusou a sapataria e recusou o sacerdócio. Na sala exígua, residência do casal Djugachvili e da criança durante quatro anos, uma senhora nova, de capa branca, nos oferece as indicações já recebidas por todos os peregrinos que estiveram aqui. Esses casos andam em livros e jornais. Se fôssemos repisá-los, cometeríamos plágio.

As informações prolixas num instante empalidecem diante dos móveis toscos arrumados na saleta. Preservaram-se os objetos pobres, escaparam à dispersão, a madeira livrou-se do caruncho; e a sra. Djugachvili, sobrevivente à ruína do capitalismo, restabeleceu a colocação dos trastes que a moça de capa branca nos exibiu, paciente e verbosa, afirmando serem autênticos. A cama do casal, a mesa, quatro tamboretes, uma cômoda, uma arca enchiam quase a miserável toca. Havia, além disso, um candeeiro, uma bilha, um espelho, o samovar infalível e um bule. Dois armários embutiam-se nas paredes. Uma pergunta me ocorreu. Onde estava a cama do menino? Talvez houvesse levado sumiço entre 1879 e 1935. O mais certo era não ter existido nunca: seria realmente difícil arrumá-la no espaço atravancado em demasia. Com certeza a criança dormia com os pais. E grande parte desses primeiros anos deve ter decorrido ali no alpendre exíguo, que uma grade limita.

A moça de capa branca falava-nos com abundância, a exibir de cor a pobreza do velho Djugachvili, operário numa fábrica de sapatos. Invadindo a porta, as três janelas, o sol da manhã espalhava uma luz forte sobre essa antiga penúria. Interrompi o discurso, busquei orientar-me num ponto duvidoso: o velho Djugachvili, segundo me parecia, era um pequeno artesão, possuía tenda de sapateiro na cidade. Contestaram-me: salariado numa oficina.

Entramos na sala vizinha, também acanhada, residência de Kulumpegachvili. Aqui se organizou, em 1939, uma espécie de museu referente à vida de Stalin até 1910. Uma placa nos comunica a importância do lugar. Fotografias, estátuas, exemplares da *Iskra*, da *Luta do Proletariado*, jornal que se publicava em três línguas. Ainda há pouco nos expunham a infância de José Djugachvili; agora nos referiam a juventude, alinhavam datas e sucessos, valorizando minúcias. A existência no seminário, os estudos. Aluno exemplar. Notas magníficas, tão boas que o introduziram, com recomendações, no seminário de Tbilissi. Esperança razoável de consagrar a vontade e a inteligência a deveres espirituais. Em consequência, expulsão. E quatro anos depois, exílio na Sibéria. Fuga. Atividade ilegal. Vemos ali na parede amostra disso: a tipografia clandestina de uma folha em Baku. Novas prisões, novas fugas, pertinácia incrível, subterrânea, esforço inútil no juízo das criaturas sensatas. Qual seria a razão disso? Os guias loquazes não nos adiantam grande coisa. Espicham-se fatos, mas desejaríamos saber a causa deles. Um indivíduo mete-se na escola, enfronha-se nas matérias, avança rápido. Alguns exames — e terá lá fora uma situação regular. Na cura das almas conseguirá vantagens; e, procedendo com tino, largará a sua desagradável classe, como a serpente larga a pele, arranjará pele nova — e teremos, longe do esforço e do salário, um sujeito venerando, um patriarca de longas barbas. Muito fácil: bastante examinar os livros, não pretender enxertar neles ideias perigosas. Notamos sem dificuldade a conveniência. Foi assim que sempre se fez — e assim devemos continuar a fazer; se nos comportarmos bem, viveremos em paz, com honra e dinheiro, embora pouco, o suficiente para pensarmos desta maneira. De repente um jovem desazado abandona o caminho seguro, marcha em veredas estreitas, quase invisíveis entre barrancos. Realmente prejudica os seus interesses — e isto é incrível. Renuncia à estabilidade, ao conforto, prefere andar à toa como um vagabundo, em riscos, a engenhar esconderijos. Se o agarram, é a tortura, é o degredo. Os amigos de ontem mudam-se nos piores inimigos. Afinal que deseja? Embaraçar tudo, modificar valores, desmanchar, construir em base nova. Como aliciar prosélitos? Os tipos normais interessados na mudança refletem como os professores do seminário: "Onde se viu isso? É uma experiência. Realizações improváveis. Inadmissível acreditarmos nelas. Foi de outro modo que sempre se fez — e de outro modo continuaremos." Certos. Ninguém diz o contrário. E ao cabo de alguns anos a certeza se desmorona, com o trabalho de indivíduos que não eram normais, não estavam certos. Que levou o pequeno seminarista a essa previsão divinatória? As fotografias, os mapas e os jornais expostos na sala de Kulumpegachvili nada nos dizem a respeito. A moça de capa branca zumbe informações monótonas.

Necessário voltar ao quarto do velho Djugachvili; talvez achemos qualquer coisa não vista quando lá estivemos. Doze metros quadrados. E neles um garoto viveu os primeiros anos. Isto marca uma pessoa para a vida inteira. Impressões posteriores somem-se, a escola some-se; as probabilidades de existência tranquila desfalecem. Resta a miséria inicial, precisamos livrar-nos dela. Insuportável. Se conseguirmos afastá-la da vida, talvez ela desapareça da nossa lembrança. Urgente acabar isso. Indispensável que os homens não comecem a viver num meio como este. Cama infeliz, mesa, tamboretes, cômoda, bilha, candeeiro, espelho, o samovar e o bule.

(23 – Agosto – 1952)

29

(24 – Agosto – 1952)

VIAGEM curta a Tbilissi, em ônibus, entre ruínas muito velhas, perdidas na vegetação a que já nos íamos habituando. O excelente Kaluguin apontava e resumia essas preciosidades arcaicas. Mosteiro-fortaleza da Cruz, do século V; mosteiro São Paulo, do século XI. É possível que as datas e os nomes não estejam certos. Aquela designação fazia-me pensar: mosteiro-fortaleza. Os monges eram também soldados, esqueciam às vezes o serviço de Deus e ocupavam-se em guerras. Lá estava a relíquia superior, do século XI: Mtskheta, a primitiva capital da Geórgia. A muralha foi restaurada ali por volta de 1600. Uma catedral remonta à origem da cidade, e por isso a resguardam com zelos especiais. Lá estavam operários ocupados em defender esse milênio de religião.

Descemos. Perto, numa casa pobre, instalava-se o arcebispado. Avizinhamo-nos da catedral. Um padre, de vastas barbas brancas, roupa cheia de nódoas e remendos, veio abrir com enorme chave a porta de ferro caduca. Entramos, ficamos algum tempo a ver nas paredes os ícones frios, renovados pelo governo, mais ou menos iguais a outros vistos em diversas igrejas. Naquele venerando túmulo jazia Vakhtang Gorgossali, fundador lendário da cidade, czar georgiano que descobriu as primeiras fontes termais. Não compreendi bem isso, exigi explicações. Como podiam estar ali na sepultura as cinzas de um sujeito lendário? Com certeza não era lenda a figura citada, mas a fundação. Atrapalharam-se as respostas — e a frase permaneceu confusa. Imaginei, cético, não existirem ossos a esfarelar-se debaixo das pedras respeitáveis. Mil anos. Em mil anos se inventam numerosas patranhas, com elas se arruma a história. Ainda esperei que o religioso, de sabedoria visível na batina sórdida, nas barbas longas, dissesse qualquer coisa. Não disse, não era um guia, como outros vistos e ouvidos noutros lugares. Estava a um canto, silencioso, triste, sujo e inútil. Ruína viva, tinha o cargo, suponho, de abrir uma ruína morta com a grande chave amarela de ferrugem. E pensava noutra vida, é claro, futura ou passada. A futura é vaga, inconsistente; a passada era boa. Agora há nódoas e remendos, uma incúria penosa. Vida lastimável.

Saímos. Ladeamos as paredes altas, que desejam cair e o governo teima em conservar de pé. Ao fundo mostraram-me, a grande altura, um relevo indeterminado: a mão, segundo me disseram, do arquiteto Constantino Arsukidze, engenheiro da catedral. O czar David o Construtor, afirmaram, mandou cortar essa mão, certamente para que o artista não tornasse a fazer obra igual. Boa maneira de recompensar um homem de talento. Outra vez nos embrenhávamos na lenda.

Retiramo-nos, perdemos de vista o pope barbudo. Diante da casinha pobre, à direita, vimos sair dela um tipo de largo chapéu eclesiástico, uma valise na mão. O ar digno e o asseio do traje revelavam-nos autoridade. Minha mulher, indiscreta, chamou o fotógrafo. E foi um constrangimento.

— Pelo amor de Deus — cochichei. — É o arcebispo.

A criatura, insensível, exigia o retrato. E o sujeito escapuliu-se, confuso, alegando que os seus votos não lhe permitiam atendê-la.

Embarcamos. A porta de ferro, distante e fechada, estava agora invisível. Os operários, lá em cima, na rampa da abóbada, aguentavam-se amarrados em cordas. Esforço enorme para alongar a existência de velharias piedosas. De que jeito se mantinham, na sociedade nova, os ministros delas? Não iam bem. Os dois observados pouco antes davam a entender isso. A negligência do primeiro revelava penúria; o segundo parecia inquieto. De qualquer modo ali estavam — e isto era sinal de que os templos não se haviam transformado em museus. Os devotos podiam ir rezar neles. Mas onde se escondiam esses devotos? A igreja milenária abrira-se à desatenção rumorosa de alguns sul-americanos ímpios: e durante uma hora ninguém mais aparecera ali. Saíramos ouvindo a chave imensa gemer na fechadura imensa. Ainda havia crentes, mas o número deles devia estar reduzido, supus. E como o ofício divino, o batismo e o casório já não rendem, julguei ver nisso o desleixo de um dos sacerdotes e o desassossego do outro. Em todo o caso não os prejudicavam. Perseguição? Calúnia. Realmente não acumulam riquezas: não se pagam dízimos e premissas a Cristo. Donde lhes vinha a subsistência? As informações confundiram-se e anularam-se. Talvez fossem funcionários públicos, imaginei, conservadores de obras de arte e monumentos que o Estado preserva. E os templos eram na verdade museus. Ficaram-me dúvidas: no correr da visita, o ancião cabeludo não havia dito uma palavra.

(24 – Agosto – 1952)

30

(25 – Agosto – 1952)

Em Tbilissi, no Instituto Marx-Engels. Seminário para professores de marxismo. É um belo edifício, amplitude em três andares, salas e mais salas a estender-se num desperdício louco de espaço. Enfiamos por elas, detemo-nos um pouco, e não nos é possível atentar nos objetos numerosos em excesso, etiquetados com perícia e vagar. Certos pormenores nos chamam a atenção, desejamos fixá-los; misturam-se, perdem-se logo no conjunto; e afinal a ordem abusiva nos parece desordem. Tomamos ligeiras notas, perplexos, atordoados; provavelmente não nos irão servir: quando as examinarmos, apenas conseguiremos recordar o aglomerado confuso. Raras coisas guardarão sentido. Fatigamo-nos a subir e a descer escadas; gastamos duas, três horas no exercício inútil: sobrecarregam-nos com imagens inexpressivas: não as podemos observar direito. Valem muito decerto, mas seria melhor que fossem menos abundantes. O tempo é escasso — e para ver tudo precisaríamos ficar ali meses.

Vitrinas fartas de papéis, documentos valiosos, fotografias, cópias, autógrafos. Meio século de história nas paredes altas; o exame disso nos desarticularia o pescoço; não conseguimos apreender o superior e o inferior, os quadros e os objetos expostos além dos vidros. Lênin na Universidade de Kazan, trabalhos iniciais, cadeia aos dezessete anos, exílio. Fac-símile da obra que ele, entre guardas e espiões, escreveu com leite nas entrelinhas de um livro. Aquecidas, as letras se tornaram visíveis. Stalin, empregado num observatório, depois de expulso da escola. Redatores da *Luta*, a *Iskra* do Cáucaso, em Baku. Matriz da *Iskra*, enviada fraudulentamente da Suíça à Rússia. Frontispício da primeira edição de *Que Fazer?* — de 1902. Uma sala se destina à revolução russa de 1905; duas, à guerra imperialista de 1914--1918. Instituto Smolni. Em salões repletos fazem-se conferências, realiza-se, em cursos, a preparação política. A revolução de 1917 estende-se por largo espaço, naturalmente. Originais de Lênin. Aqui temos a discussão com Martoff. Ali surgem folhas de arrepiar, esboços medonhos cobertos de letras grandes, pequenas, com emendas excessivas, linhas verticais, horizontais, borrões, chamadas, setas, desenhos, sinais misteriosos, pedaços em branco, espirais muito negras, rabiscos terríveis, sem pé nem cabeça. Uma irregularidade vertiginosa. Examinei um desses enigmas, onde, em caracteres de admirável nitidez, o nome de uma árvore aparece três vezes. A planta, afirmaram-me, não tem nenhuma relação com a escrita, é impossível explicá-la.

Atarefava-me em descrever isso quando uma rapariguinha se chegou à vitrina e, com desembaraço notável, entrou a seguir o movimento do lápis no papel. Sentindo-se bem acolhida, sorriu, disse umas palavras. Poderíamos julgá-la impertinente, mas era uma impertinência encantadora. Alonguei a vista em redor, procurando auxílio: a pessoa que me falara a respeito da árvore tinha-se ausentado. Respondi na minha língua, utilizei frases de outras, em vão. A menina continuava a sorrir; apesar de estarmos isolados, não revelava desejos de retirar-se. Compreendeu afinal que eu era brasileiro. E não se conteve: agarrou o caderno, pôs-se a folheá-lo atenta, numa comprida análise cheia de espanto; achava com certeza absurdas as minhas garatujas. Proferia monossílabos exclamativos, exibia contentamento, como se observasse coisa de importância grande. Satisfeita a curiosidade, espreitou-me vagarosa; tinha jeito de buscar alguma anomalia no indivíduo capaz de servir-se do alfabeto singular. Sussurrava um monólogo sincopado; alegria viva brincava-lhe nos olhos pretos. Restituiu--me o caderno. Despedi-me dela. A visita findava.

Caminhando para o gabinete de Ilissabedachvili, diretor do Instituto, fiz a mim mesmo uma pergunta. Não a poderia fazer a outra pessoa: ninguém me daria resposta. Que levava aquela gente a avizinhar-se de criaturas diversas dela em tudo? Meios diversos, hábitos diversos — divergências constrangedoras. Sociedades antagônicas. Separavam-nos distâncias imensas, externas e internas. Difícil entender-nos. E aquela gente procurava o entendimento difícil, quase impossível. Duas ou três dezenas de páginas me afastavam da garota; e essas páginas, inacessíveis a ela, nos aproximaram. Ingenuidade, simplicidade. Isto nos aperta a garganta; há lá dentro um choro invisível.

— Mas por que foi que essa criança quis falar comigo?

A pergunta insistente aperreava-me. Kaluguin e a sra. Nikolskaya não saberiam dar-me resposta. Vinham-me ao pensamento os basbaques amáveis que nos interrompiam a passagem na rua, as alunas da Escola 23, as moças do Teatro Paliachvili, os camponeses de Kheivani, as professoras do sanatório, a princesa Dadiani. Por que essas manifestações, o claro intuito de invadir-nos as almas, oferecer-nos uma camaradagem possivelmente indiscreta? Encaracolados no individualismo, julgaríamos isso falta de educação: evitamos que nos mexam. E aqui vinha a dúvida. Seria essa estima, visível em toda a parte, qualidade própria da raça, de uma raça diferente da nossa, ou seria consequência de uma educação diferente da nossa? E haveria essas diferenças irredutíveis? O mais certo era terem sido criadas para enfraquecer os homens, torná-los um rebanho de bichos inimigos uns dos outros, facilmente subjugável. Tínhamos ali uma educação inversa à que nos davam lá fora. Devia ser isso. Em três decênios as desconfianças esmoreciam, juntavam-se as pessoas como se formassem uma grande família.

Embrenhava-me em tais ideias quando entramos no gabinete de Ilissabedachvili, um sujeito alto, magro, ligeiramente vesgo, que se dispunha a sair. Voltou da porta:

— Dez ou quinze minutos apenas.

Abancamos.

— Nem precisamos tanto — murmurei. — Viemos agradecer.

— O número de visitas aumenta sempre — afirmou Ilissabedachvili.

E abandonou o assunto, começou a lembrar os seus primeiros anos em Gori. Vizinho de Stalin, quase da mesma idade, fora amigo dele na infância. E depois haviam sido colegas no seminário. A senhora Djugachvili trabalhava em casas ricas a fim de conseguir algum dinheiro para auxiliar a educação do filho. Passaram-se os dez, os quinze minutos — e Ilissabedachvili continuava a estender-se pelas suas recordações. Aos catorze

anos, Stalin findou o curso no seminário de Gori e transferiu-
-se para o seminário superior de Tbilissi. Trabalhou no começo
entre camponeses; familiarizou-se depois com escritores e
operários; mudou de orientação e dirigiu-se aos operários da
cidade. Ao cabo de quatro anos, cortou relações com os social-
-democratas direitistas e recebeu influência de Lênin. Expulso
do seminário, viveu entre operários e estudantes, escolhidos
com rigor, por causa das traições. Essa juventude enrijou-se na
luta, foi muitas vezes ferida. Em 1899 Stalin tentou organizar
o movimento revolucionário em Batumi, no mar Negro. Em
1902 veio a Tbilissi buscar material para uma tipografia.
Nessa altura foi preso. Em 1905 Ilissabedachvili trabalhou
com Stalin. Êxitos, regimentos desarmados. A voz lenta era um
zumbido meio trêmulo; às vezes o discurso partia-se, um gesto
sublinhava a afirmação. A entrevista alongava-se, enchia algumas
páginas do meu caderno. Não me seria possível utilizá-las: sem
dúvida havia ali superabundâncias, reduções, ambiguidades.
Realmente, vendo essas notas, leio isto: "Condenado à forca
em 1906, conseguiu ocultar-se." Não tenho meio de saber se a
pessoa condenada à forca em 1906 foi Stalin ou Ilissabedachvili.
Necessário cortar nas notas. Erguemo-nos:

— Não queremos roubar o seu tempo. O senhor só dispunha
de quinze minutos. E já falou mais de uma hora.

O presidente do Instituto Marx-Engels nos deteve, expondo
enorme confiança no Brasil.

— É otimismo — asseverei. — Temos pouco. Ainda estamos
longe disso.

— Não faz mal — respondeu Ilissabedachvili.

(28 – Agosto – 1952)

31

(31 – Agosto – 1952)

Quando estávamos na Abkhasia, alguns sócios da União dos Escritores Georgianos tinham ido ao hotel procurar-nos. Fomos pagar a visita. E tive a surpresa de ser recebido num palácio. Não pude fugir a uma comparação desagradável à minha terra. Lembrei-me da sede mesquinha da Associação Brasileira de Escritores. É uma saleta, num décimo primeiro andar, e como os elevadores encrencam regularmente, subimos de ordinário a escada, chegamos àquelas alturas deitando a alma pela boca. A diferença entre a nossa penúria e o que nos exibiram aqui chocou-me.

Levaram-nos a um pequeno jardim ensombrado por árvores altas. Com alguma inveja e espanto verdadeiro, percorremos várias salas onde se juntam riquezas. Numa delas se alojou Nicolau II quando esteve na Geórgia pela última vez. Contaram isso com muita seriedade, valorizando o prédio. Realmente Nicolau II foi um czar de meia-tigela, mas foi czar, a revolução rebentou no tempo dele, e esses georgianos têm excessivo respeito ao passado.

Iam aparecendo literatos. No salão principal realizou-se a entrevista, com muitos discursos. O presidente, Jorge Leonidze, ofereceu-me um livro de poesia georgiana em tradução inglesa. Apresentou os companheiros; em seguida embrenhou-se num resumo extenso da literatura do seu país. Sentando-me à mesa larga, percorri o volume, deixei-o aberto no começo do prefácio. E examinei Leonidze, uma figura de aspecto sonolento, meia--idade, vigor enorme, nariz forte, olhos miúdos. Pelo jeito, não gostou da minha cara. Também não gostei dele. Por quê? Um desgraçado acaso. Deixei o livro aberto naquela página. Leonidze afirmou certas coisas, que a sra. Nikolskaya e Kaluguin trocaram em português. Olhando o papel notei entre as coisas vistas e as ouvidas uma diferença de dois séculos — e concluí, precipitado: Leonidze era um charlatão. Provavelmente não consegui ocultar isso, não sei fingir; deixei escapar algum gesto, e o presidente da União dos Escritores Georgianos preveniu-se. Depois dele falaram três membros da sociedade. Alongaram-se e isto me pareceu estrago de tempo. Cabeceando em cima da antologia de poetas, vi que eles diziam mais ou menos o que estava na introdução. Para os diabos. Não valia a pena escrever se desejavam falar tanto. Era-me preciso fazer algumas perguntas — e não me chegava oportunidade. Ali por volta de 1000 a 1100 David, o Construtor, dispensava alguma benevolência a poetas. Lembrei-me do arquiteto Constantino Arsukidze, da medonha coisa exposta na igreja de Mtskheta. Se aquela história fosse verdadeira, poderíamos admitir isto: o rei David manifestava a sua generosidade mandando cortar a mão do escriba que não lhe fizesse os elogios convenientes. Desviei, céptico, ideias lúgubres; recolhi-me, prudente, a uma cômoda ignorância: o rei David não mandou cortar a mão de Arsukidze; nem concedeu favores a poetas.

A narração daqueles homens facundos não tinha fim. Começando no folclore, aludindo rápidos a influências gregas, a um Prometeu georgiano, estiravam-se por séculos de literatura, demoravam-se em Shota Rustaveli, autor do *Cavaleiro da pele de tigre*, monumento nacional. Sobre a mesa, numa bonita encadernação verde, junto da antologia, achava-se a obra notável, mencionada com reverência. Abri-a, arrepiei-me; devo ter experimentado o que a menina sentiu ao folhear-me o caderno, no Instituto Marx-Engels. Alfabeto horrível. Desviei-me dele, fechei ouvidos à exposição longa, pus-me a redigir uma lista de perguntas. Não me deixariam mostrá-la, julguei. No tempo de Shota Rustaveli a gente do meu país era selvagem, e ainda hoje parte dela continua nesse estado. A ausência de tradição impossibilitava-me admirar, até me levava a achar estranho ouvir aqueles homens se referirem, com minúcias, a valores mortos.

— Querem algumas informações a respeito de pintura, escultura, arquitetura? — disse o último dos oradores, encerrando o seu discurso.

Eu não queria: só a literatura me interessava, com especialidade a ficção. Vários brasileiros se manifestaram. Quando chegou a minha vez, pedi que me apresentassem ao romance e à crítica. Dois ou três cidadãos me atenderam. E iniciei o meu questionário, bem desazadamente: agradeci a dissertação copiosa, acrescentando que de pouco ela me poderia servir.

— Nada sei da literatura georgiana, a minha ignorância é completa, igual provavelmente à dos senhores em relação à nossa.

Peguei o volume de capa verde:

— Não conseguirei ler nunca este poema. Não entendo uma palavra dele, não entendo uma letra. E não há, suponho, traduções em línguas que eu possa ler.

Esse introito causou péssimo efeito, é claro; as fisionomias revelaram espanto; ninguém esperava semelhante indelicadeza à União dos Escritores Georgianos e a Shota Rustaveli.

— Vou fazer algumas perguntas prosaicas e desejo que me respondam citando números. Para começar, uma dúvida: segundo o presidente afirmou, a poesia georgiana apareceu no século V, e aqui este prefácio diz que ela nasceu do século VI para o VII. Acharam-se documentos depois da publicação do prefácio?

Leonidze parecia aguardar a objeção: respondeu no mesmo instante: aludira a inscrições feitas na pedra. Muito bem lembrava-me de ter visto uma dessas inscrições, dias antes, num museu.

— Obrigado. Vamos agora a coisas atuais, vulgares. Não me interessam glórias antigas, interessa-me saber como vivem os senhores. Adotam na literatura apenas o georgiano ou também o russo?

Exclusivamente o georgiano.

— Qual é a tiragem inicial comum?

Dez mil exemplares, pelo menos, responderam-me. Se o livro é bem aceito, alcança de ordinário cinco edições. O escritor pode viver do seu trabalho. Joguei uma contestação. Achava-me na presença dos maiorais da literatura do Cáucaso. Tinham livros publicados na Rússia, ganhavam prêmios lá, eram provavelmente conhecidos noutras repúblicas da URSS. Não me referia a eles: referia-me aos que não dispunham dessas vantagens. O escritor, reafirmaram-me, pode viver do seu trabalho sem ser traduzido.

Com o que recebe de rádios, revistas e jornais, uma tiragem lhe permite a subsistência dois ou três anos.

— Os senhores têm meio de especializar-se? — inquiri.

— Sem dúvida — respondeu um sujeito. — Eu, por exemplo, sou engenheiro, mas dedico-me à literatura.

Com certeza a sra. Nikolskaya se enganara ao traduzir a pergunta.

— Isso não é especialização — retruquei. — O senhor deixou um ofício por outro. Pergunto se um autor pode entregar-se exclusivamente a um ramo literário, aperfeiçoar a sua técnica fazendo apenas romance, ou poesia, ou ensaio. No meu país vemos com frequência um homem tratar de tudo isso, e ainda empregar-se no jornalismo. Aqui não é o mesmo?

Disseram-me que não: era possível o indivíduo ocupar-se numa coisa só. Achei isso difícil num país de quatro milhões de habitantes, ou menos. Uma questão me preocupava. Naquele exagero de acatamento aos antigos, não se imobilizavam as letras a renovar a linguagem de Shota Rustaveli? Nada disso: a língua literária se enriquecia com o elemento popular. Ainda havia escritores alheios à política? Sim, diversos, desconhecidos ou quase: ausentavam-se da massa e esta lhes dava o troco não lhes consumindo os produtos. Nessa altura notei sinais de impaciência em alguns tipos do Brasil: cochichavam alarmados, mostrando-me relógios. Achava-me na terça parte do interrogatório, e havia-me alongado uma hora e quarenta minutos. Percebendo a reclamação, fechei o caderno, encoivarei rápido a longa conversa, receando chatear em demasia aqueles homens pacientes.

— Muito obrigado.

Ao pedir que me autografassem o volume de poesia georgiana, vi nuvens grossas no rosto de Leonidze: com certeza percebera numerosas indiscrições na minha parolagem. Antipatia forte, indissimulável. Mais tarde, falando à sra. Nikolskaya, o presidente da União dos Escritores Georgianos arrumou-me desse jeito: "O senhor fulano é uma criatura..." A sra. Nikolskaya não achou no vocabulário português palavra casável ao pensamento de Leonidze: valeu-se de um adjetivo francês que significava, aproximadamente, *espinhoso*. Não era bem isso, mas ficou isso, em falta de coisa melhor. "O senhor fulano é espinhoso, mas parece-me homem de honestidade perfeita." Embasbaquei. Como diabo descobriu ele honestidade num bicho tropical, rústico, impróprio às amabilidades sociais? Busquei informar-me direito, apenas; de nenhum modo tentei exibir alguma qualidade apreciável. Sei lá se tenho isso? O caso tinha fim esquisito. Enquanto me desmandava em franqueza rude, contrariando pessoas atenciosas, queriam em redor atenuar-me os deslizes. Sombras acumulavam-se nas feições enérgicas de Leonidze; no grosso nariz avermelhava-se a indignação. Marcas exteriores perfeitamente visíveis. Fixava-me nelas — e o estranho homem se esforçava por sondar-me o interior, aliviar-me a aparência desagradável, a aspereza da fala, o pensamento nu, ríspido e conciso.

(3 – Setembro – 1952)

32

(6 – Setembro – 1952)

Os brasileiros puseram na estátua de Shota Rustaveli uma coroa de flores. Improvisou-se multidão considerável, palmas estrugiram, e pela última vez nos achamos no cerco impertinente e amável que nos tolhia os passos desde a chegada. Tentei afastar-me da ruidosa efusão, entrei a percorrer as ruas, e, apesar de não me ser possível orientar-me bem, parecia-me ter andado nelas muitos anos. Vinte e quatro horas depois, em voo rápido, encaminhar-me-ia ao Norte, nunca mais poria os pés naquelas calçadas absurdamente familiares.

Andei algumas horas a passear com minha mulher, observando as árvores e as casas. De regresso ao hotel, chegar-me-ia à varanda, pisaria a chapa ferrugenta, examinaria o pátio, veria se lá estavam as crianças, o militar, a velha que tirava água do poço, os três gatos. Essas criaturas me fariam falta. Retardava-me na cidade, e parecia-me haver ali muitos amigos nossos. Raros deixavam-me os nomes. Encontros inesperados, momentos de conversa fortuita — e algumas pessoas ficavam-me no espírito: as moças do Teatro Paliachvili, a princesa Dadiani.

Impossível esquecê-las: inútil a recomendação de Neberidze Tamara. O cigarro de Tchimakadze perseguia-me: "Faça o favor de aceitar este." E havia camaradas anônimos: crianças a dançar num jardim de infância, as pioneiras da Escola 23, as professoras do sanatório, a mocinha do Instituto Marx-Engels. No rolar do tempo, fugir-me-iam talvez da lembrança a fábrica de meias, as salas de estudo, a casa de repouso, as vitrinas onde se arrumavam gravuras e desenhos; certos indivíduos não desapareceriam nunca. Mas isto é incongruência: se não fossem as oficinas, os clubes, os palácios de cultura, esses indivíduos não existiriam. Uma ideia furava-me a cabeça como pua: aquilo não era fábrica de meias, era fábrica de almas. A inspetora queria mostrar-me o seu pupilo, o mais perfeito da casa; o sorriso de um bebê iluminava a sala. Mexia-me devagar para não despertar as crianças. Movia-me também agora devagar, olhando as árvores, as paredes altas. Com certeza havia além daquelas fachadas outras fábricas de almas. A insistência dominava-me, e a repetição me deixava perplexo. Afinal não tínhamos almas. Não era bem isso: tínhamos almas diferentes das dos nossos inimigos. A revolução modificara a natureza humana. Provavelmente não se forjaram qualidades novas: desenvolveram-se as qualidades úteis, reduziram-se as nocivas. Por isso Neberidze Tamara havia escrito aquele bilhete.

Meses depois, no meu país, homens sagazes e verbosos censurar-me-iam a ignorância a respeito da União Soviética. Tinham-me os guias exibido coisas necessárias à propaganda, e eu, ingênuo, acreditara nelas. Indispensável aceitar verdades ocultas muito abaixo das aparências brilhantes. E, sem nunca ter ido à URSS, explicar-me-iam, generosos, horrores medonhos:

trabalho forçado, enxovias horríveis, fuzilamentos diários. Seria preciso admitir que as moças do Teatro Paliachvili e a menina do Instituto Marx-Engels estavam nesses lugares para enganar-me. Os transeuntes eram impostores, a serviço da polícia. As fábricas, as escolas, os palácios de pioneiros, tudo logro. Venenos do socialismo. Esforçar-se-iam por convencer-nos de que não nos movemos à vontade na terra de escravos. Atam-nos algemas invisíveis. Não as percebemos porque estamos hipnotizados, mas da América são vistas perfeitamente. Não caminhávamos livres, para cima, para baixo, à toa. Enquanto avançávamos, Tchimakadze nos seguia de longe, dissimulando-se nas esquinas, espiando-nos. Tchimakadze era um sujeito da polícia, desse tremendo organismo onipotente e onipresente que, num mimetismo singular, fica invisível. Se encontrássemos Liuba, Assia, Keto, Nadiajda, a rapariguinha do Instituto Marx-Engels, ele se aproximaria, um cigarro na mão, e me transmitiria pelo avesso as palavras delas. Nem nos deixaria gesticular, adivinhar nos rostos intuitos escondidos.

A lembrança dessa morosa estupidez, renovada com insistência lá fora, irritava-me durante o passeio. Iria impacientar-me ouvindo isso. Não me decidia a voltar ao hotel. Desejava alongar a permanência na terra acolhedora. E desejava dar uma vista às lojas subterrâneas, que nos haviam surpreendido antes da viagem a Gagra. Onde estavam elas? Procuramos, enfim achamos uma. Descemos vários degraus, vimos lá embaixo um estabelecimento onde se vendiam bolsas. Subimos, andamos em busca de outros. E, aqui e ali, surgiam-nos bilhares, cafés, barbearias, mergulhados na terra. Às vezes não eram muito profundos: alguns metros apenas. Com frequência nos enganavam. Seis ou oito degraus — e empurrávamos uma porta, julgando entrar numa sala. A escada continuava, o restaurante se escondia no subsolo como se temesse bombas aéreas. Estranho. Que levava aquela gente a esconder-se como formigas, quando na superfície havia espaços largos para a construção? Ignoro. Hábitos ancestrais, possivelmente, qualquer coisa semelhante ao que vi no museu. Cavernas. Trogloditas modernos. O clima é bom, ninguém precisa resguardar-se. Só uma noite senti frio, a neve do Cáucaso derretendo-se nos meus pulmões avariados. Desnecessárias as casas subterrâneas, covas de tatus. A escada longa na loja de bolsas afastaria com certeza os fregueses. Bilhares, cafés, barbearias, restaurantes debaixo da terra. Nenhuma razão aceitável, pelo menos atual. Razões velhas, possivelmente, as mesmas que levaram, no começo do século, algumas dezenas de revolucionários a estabelecer uma tipografia num buraco de sete metros.

(10 – Setembro – 1952)

33

(4 – Setembro – 1952)

À véspera da nossa partida a Voks nos ofereceu uma festa, como outras já oferecidas. Não vale a pena descrevê-la. As mesmas gentilezas, os mesmos obséquios. Achava-me no salão, a refletir em desentendimentos. Queremos aprender qualquer coisa — e julgam-nos espinhosos porque não aceitamos o que nos impingem. Caí num monólogo azedo:

— Que diabo tenho eu com Shota Rustaveli e o rei David? Não conheço essa gente. Sou americano.

Sinval Palmeira levou-me a um grupo onde estava uma professora de direito; Arnaldo Estrela desviou-me para um pianista. Esgueirei-me, receoso de juízos incompreensíveis, fui enroscar-me num sofá. Vi a pequena distância a diretora da Escola 23, mais nova que na semana anterior, com uma condecoração. Cumprimentei-a, mas, na ausência de intérpretes, não consegui dizer-lhe uma palavra. Nesse ponto uma senhora veio sentar-se no sofá, e na comunicabilidade fácil aqui existente, puxou conversa, dispensando apresentação. Causou-me surpresa entendê-la, fazer-me entender: poucos georgianos me haviam falado em língua do Ocidente. Agora não me isolava: era-me possível pedir informações, esquecer incompatibilidades. O salão se enchia. Uma jovem de roupa esquisita, ampla e vistosa, tranças enormes, acomodou-se perto. Ninguém ali se vestia de semelhante maneira.

— Traje regional, não é verdade?
— Isso mesmo — respondeu-me a interlocutora amável.
— Aqueles cabelos serão naturais?
— Acho que são. Por que pergunta?
— Muito compridos.

A vizinha traduziu-me a curiosidade para a diretora da Escola 23, elevando bastante a voz. A moça de tranças ouviu-a e pôs-se a rir. Depois disso olhou-nos com frequência de soslaio, e riu. Havia na sala várias sociedades: a dos juristas, a dos músicos, a dos literatos. À mesa, puseram-me à esquerda do homem que nos dava a festa. Duas cadeiras adiante, Kaluguin dirigiu-se a mim:

— Vai beber vodka?
— Talvez. Não sei.
— Prepare-se para aguentar vinte e cinco brindes. E de cada vez os georgianos exigem que lhes mostre o fundo do copo.
— Não, homem. Está doido? Posso lá beber vinte e cinco copos de vodka? Peça-me uma garrafa de vinho seco.

Atenderam-me. E, no derrame da eloquência, iniciei um jogo desonesto alternando o vinho com limonada. Se não houvesse engano em Kaluguin, se Leonidze não aparecesse, a garrafa seria suficiente. Mas Kaluguin errou: não foram vinte e cinco brindes, foram trinta e quatro; e no meio do banquete Leonidze chegou, tomou lugar junto a mim. Polido e frio — e na polidez e na frieza julguei notar indícios da antipatia revelada na União dos Escritores. Não nos podíamos entender. Gestos vagos; nenhum outro meio de expressão.

    Na torrente verbosa, alguém se lembrou de saudar-me. Com os diabos! Não me ocorrera a imensa dificuldade: sou incapaz de improvisar meia dúzia de frases diante de meia dúzia de pessoas; no aperto, as ideias fogem, o vocabulário encolhe-se e perde a significação, acho-me estúpido. Escutando amabilidades à literatura tropical, revolvi o cérebro em busca de uma saída. Levantei-me confuso e temeroso: nem um desgraçado lugar--comum surgia nas trevas do meu espírito. Ia arrasar-me. De repente me entraram na cabeça as notas do caderno, as questões infelizes expostas na União dos Escritores Georgianos. E servi--me delas, exibindo um confronto arrumado assim. A Geórgia tem quatro milhões de habitantes, quando muito. Se esse número for verdadeiro, a população do Brasil é treze vezes superior. O livro na Geórgia alcança, em primeira edição, dez milheiros, e caso interesse, é reeditado. Se o brasileiro soubesse ler como o georgiano e pudesse comprar como o georgiano, as edições no Brasil seriam de cento e trinta mil. Longe disso. A gente é na maioria analfabeta e pobre. As nossas edições normais orçam por um milheiro, e há probabilidades escassas de reedição. Por aí se via que o Brasil, com referência às letras, estava cento e trinta vezes abaixo da Geórgia. Não merecíamos felicitações; digno delas era o sujeito que me havia saudado.

    Ao sentar-me, percebi diferença em Leonidze: a reserva findara. Ergueu-se, endereçou-me cortesias difíceis, quase impossíveis, pois sabia apenas que eu era membro de uma remota companhia literária em país remoto e desconhecido. Peguei o ensejo para eliminar possível recordação importuna. Referi-me à velhice da arte ali, ao folclore, ao Prometeu caucasiano — e, desejoso de obliterar os dois séculos, origem de equívocos, mencionei as inscrições vistas na pedra, dias antes, num museu. Na minha terra não havia nada disso, estávamos na infância. Leonidze ficou satisfeito: as minhas exigências, em mais de hora e meia de interrogatório enfadonho, transformavam-se em motivo de elogio à terra dele.

Alguns metros afastada, a moça de tranças longas, que pareciam postiças, me intrigava. Por que, entre os numerosos convidados, só havia uma pessoa de veste assim larga, estranha, e cabelos que deviam chegar aos joelhos? Ergueu-se, pôs-se a dançar; os cabelos chegavam realmente aos joelhos. Ter-me--ia capacitado, se refletisse, de que era uma bailarina, figura indispensável nas últimas semanas. Depois de executar várias dificuldades em companhia de um profissional, pôs-se a escolher pares na assistência. Os brasileiros, afeitos ao samba, resistiam, afinal se resignavam, desazados e perros, a mexer-se nas sábias piruetas do Cáucaso.

Os profusos discursos molhados anulavam a timidez. Leonidze estava contente; enchia os copos, pronunciava o meu nome com esforço, afastando as sílabas, fazia-me brindes silenciosos. Consumimos desse jeito umas duas garrafas. Era como se fôssemos velhos amigos, embora não nos pudéssemos entender. Kaluguin avizinhou-se, esteve alguns minutos junto de nós, e conseguimos falar. O presidente da União dos Escritores afirmou que a viagem me renderia um livro. Pensei no conselho das professoras, no sanatório, em Gagra: indispensável ir ao Volga.

— Muito difícil. Ignorância completa.

O meu novo camarada insistia.

— Kaluguin, diga que volto. Se me for possível, um dia volto à Geórgia.

— Volte — respondeu Leonidze. — Mas não para ficar tão pouco tempo. Venha passar conosco uns meses.

Quando nos retiramos, seguiu-me à porta do automóvel, despediu-se — e deu-me um beijo, que, naturalmente, retribuí. Mais tarde narrei o caso à sra. Nikolskaya, e comentei:

— Para nós, brasileiros, essa história de um homem beijar outro é meio ridícula.

— Aqui isso é raro — explicou-me a sra. Nikolskaya. — Com o beijo, o homem quer dizer que entrega a sua alma inteiramente ao amigo.

(6 – Setembro – 1952)

34

(Rio – 11 – Setembro – 1952)

Volta a Moscou. Embalava-me com a ideia de que o afastamento não era definitivo; ainda na véspera prometera a Leonidze vir outra vez à Geórgia. Queria enganar-me, segurar-me a sonhos: não tornaria a ver a terra magnífica, a gente magnífica. A lembrança disso iria perseguir-me o resto da vida, misturar-se-ia às chatices diárias, ao trabalho vagaroso e inútil.

No céu limpo, sem uma nuvem, a mole do Cáucaso surgia à direita, clara, escura, as manchas das neves eternas perfeitamente visíveis. Uma frase me vinha ao espírito com insistência. Esforcei-me por afastá-la; na verdade a repetição dela começava a exacerbar-me: "Terra luminosa." Calmo, à esquerda, o mar Negro estendia-se; nenhuma onda lhe perturbava a serenidade; no ar transparente, nenhuma sombra o toldava. Chegando o rosto ao vidro, percebi uma nesga do litoral. Voávamos tão baixo que as árvores e as casas apareciam nítidas. Pessoas andavam na praia, e reconheci bem seis ciprestes. Lá estava o Elbruz, enorme. Na semana anterior, vapores espessos o envolviam; agora se patenteava, a dominar a montanha.

As duas palavras me perseguiam: "Terra luminosa." Não me referia à luz que dourava as nódoas claras da pedra, jogava cintilações no profundo azul das águas. De fato, nem pensava na terra: pensava nos indivíduos, e parecia-me enxergar, além da beleza exterior, uma beleza interior. Essa luz brincava nos olhos das raparigas, na alegria serena dos velhos, no sorriso das crianças. Alterei a frase: "Almas luminosas."

A recordação dava-me tristeza. Não me seria possível tornar a ver isso; a doida esperança comunicada na véspera a Leonidze esmoreceu depressa. A história e a lenda não tinham naquele momento nenhum sentido: abalavam-me criaturas vivas, atuais, que se manifestavam, queriam entender seres exóticos. Nesse ambiente de solidariedade, mostrara-me espinhoso uma vez. Nascido entre cardos, apresentava espinhos. Mas os espinhos haviam caído — e um homem suspeitoso revelava-me confiança de chofre, tornava-se amigo, exigia um livro impossível, desejava reencontrar-me. Aquilo não tinha pé nem cabeça. Ilusões desgraçadas. Bom esquecer tudo, resignar-me a viver na tacanhice e na mediocridade. E senti uma espécie de alívio ao ver desaparecerem serra e mar. Campos, linhas sinuosas bem visíveis, a estreitar-se, a alargar-se, com certeza rios. Novamente em Rostov. E, depois de seis horas de voo, chegamos a Moscou.

Rolando para a cidade, ouvi uma opinião imprevista — e embasbaquei. Há na vizinhança do aeródromo casinholas de madeira, lastimosas, lôbregas, a cair de velhice. Não exibem realmente a miséria das nossas favelas, mas, tristes, feias, abrigam enorme desconforto. Vestígios de outras épocas, impressionam mal o visitante. Próximo se eleva a universidade, imensa, e isto aumenta a penúria dos infelizes pardieiros. Conveniente destruí-

-los, pensei, evitar-nos a visão molesta. O prejuízo não seria grande: os habitantes das minguadas velharias, pouco numerosos, achariam sem esforço asilo noutros lugares, e os estrangeiros de maus instintos, resolvidos a torcer o nariz ao socialismo, perderiam num instante aparências de razões badaladas com rigor lá fora: os indivíduos aqui não têm onde morar: na cidade enorme, sete milhões de criaturas se alojam a custo, várias famílias arrumando-se num quarto miúdo. Estupidez, é claro. Mas por que não suprimir a causa da estupidez? O repórter afirmava um disparate nas folhas reacionárias: o cataclismo social, que varrera em tempo escasso instituições firmes, de pedra, não tinha força para arrasar algumas dúzias de casinhas débeis e vacilantes. O contrassenso persistia; na minha terra os ingênuos leitores de jornais não tinham dificuldade em aceitá-lo. "Por que não derrubar isso?" Detinha-me na pergunta muda, já feita quando me surgira o anacronismo pela primeira vez. Nesse ponto a sra. Nikolskaya estendeu o braço, envolveu a planície num gesto, disse com ar de forte desprezo:

— Estão aí as belezas do individualismo.

A observação causou-me um baque interior: francamente, achava-me longe de esperar recebê-la. A coisa apontada como sinal de fraqueza do governo soviético mudava-se, no juízo da minha amiga, em prova de fortaleza. No espanto, não me ocorreu informar-me de qualquer coisa: a frase concisa abria--me com largueza uma porta. Os homens que ali se acumulavam podiam, se quisessem, viver em condições menos precárias. Imaginei pequenos artesãos, vendedores ambulantes, inimigos da oficina, incapazes de associar-se, almas do outro mundo, esquivas, lúgubres, saudosas de um passado morto depressa. Talvez entre eles se arrastassem alguns ladrões. Ainda existem, é claro, pouco numerosos, mesquinhos, ausentes da literatura, que os celebra noutras partes, da crônica policial derramada escandalosamente nos jornais. O burguês escancara os olhos. Como é possível haver essa gente num país onde se aboliu a propriedade? Ora essa! Possuímos roupas, móveis, livros, objetos de arte, às vezes caros e furtáveis, e, nas multidões festivas, longos dedos ágeis podem facilmente invadir-nos os bolsos, levar-nos a carteira. Não estamos no paraíso mencionado com ironia besta na imprensa rica. Os ladrões arrogantes, prósperos, eficazes na política, dominadores nos bancos, na indústria, no comércio, desapareceram, mas restam, sem dúvida, gatunos pequenos, vagabundos insignificantes, a democracia dos patifes. "Belezas do individualismo."

Inútil arrasar as casas. Melhor deixá-las arriar pouco a pouco, bambas, trêmulas, caducas. O essencial era transformar o que havia nelas, vagarosamente. As transformações acumulavam-se; difícil viver alguém a isolar-se no cortiço enorme. Em poucas horas as ruínas se devastariam; machados e picaretas deixariam no chão rumas de troncos velhos e tábuas débeis. Removidos os destroços, teríamos uma ilusão agradável e perigosa. As criaturas fechadas, esquivas, propensas ao isolamento, permaneceriam, invisíveis, espalhadas. Estavam ali patentes, cada vez mais fracas, a encolher-se na umidade e na friagem, resíduos do capitalismo.

(Buenos Aires – 5 – Outubro – 1952)

Notas

Dia 15 — Sede do Movimento Soviético dos Partidários da Paz. Discurso do secretário Mikhail Kotov. Guerra bacteriológica. Excelente discurso do professor Ivan Gluschenko. Duas cartas: um mineiro e um kolkhoziano. Discurso da atriz Cláudia Elanskaya, em nome dos artistas teatrais.

Visita à União dos Escritores Soviéticos. Estão presentes: Alexei Surkov, o presidente, poeta, diretor da revista *Ogoniok*; Boris Polevoi, autor do romance *Um homem verdadeiro*; Vasili Ajaev, autor do romance *Longe de Moscou*; Gribachev, poeta, diretor da revista *União Soviética*; Mikhail Sukonin, poeta; o professor Anisimov. O discurso do presidente, homem risonho e verboso. Intervenção do professor Anisimov. Vários discursos. Polevoi se retira: vai fazer uma conferência. "É possível fazer-se em país burguês uma literatura semelhante à da União Soviética?" Longas respostas, iniciadas por Anisimov. Perguntas a respeito do Brasil.

Dia 16 — Instituto de Literatura Máximo Gorki. Casa onde foi inspirado *Guerra e paz*. Cinquenta nacionalidades. Presidente: Pedro Fateev. Vinte anos de existência, capacidade para 500 estudantes. Provas rigorosas, depois da publicação de trabalhos literários. O ano passado houve 3.000 candidatos, entraram 100. Há 300 alunos atualmente. Indiferentes a crença, o sexo, o partido político. Trabalhos em línguas regionais. Curso de cinco anos.

Diploma igual ao das universidades. História, filosofia, história do Partido, economia, lógica, estética, literatura russa, literatura mundial, literatura dos povos da URSS, gramática histórica, estilística, línguas (uma obrigatória: francês, inglês ou alemão). Discurso do professor Constantino Paustowsk a respeito do Brasil. A questão literária, resposta do professor maneta: "Esse caso ainda não foi resolvido." Organização de seminários, discussões; temas numerosos. Língua e técnica. Psicologia. Os escritores velhos. Experiência. Intercâmbio entre velhos e novos. Encontros semanais com pessoas notáveis. Isolamento dos escritores no passado. Gorki e a vida. Viagens de estudantes pagas pelo Instituto. Especialização: prosa, poesia, teatro, literatura infantil. Seminário Anatole France, Seminário Shakespeare. Intervenção a respeito de viajantes russos. Os estudantes: raças diversas, homens, mulheres. O militar. O rapaz negro que falava francês mal. A moça negra, de olhos oblíquos e cabelos crespos. A curiosidade: que é que eu faço no Brasil? Tenho livros publicados em russo? A moça da Mongólia. "Há 30 anos a minha terra era um país de analfabetos. Hoje tenho orgulho em ser siberiana." O rapaz negro, de boca grossa, que não se fez entender. O trabalho dos intérpretes. Umas 200 pessoas no auditório. A cortesia, as salvas de palmas na chegada e na despedida.

Dia 17 — Usina de rolamentos Kaganovitch, construída no primeiro plano quinquenal, em 1930. Começo da produção: 1932. Toda a espécie de rolamentos para a indústria soviética. Esferas de trinta milímetros, esferas de metro e meio de diâmetro, pesam duas ou três toneladas. Antes da usina, os rolamentos eram importados. O lugar da usina era um pântano; hoje é ocupado pelas casas dos trabalhadores. Na competição socialista a usina ocupa o primeiro lugar. Durante a guerra transferiu-se para a Sibéria. A produção agora é superior ao que era antes da guerra. Dois turnos; algumas seções funcionam em três turnos. Oito horas de trabalho. Refeitório. Ensino técnico e médio, duas seções. Os operários, depois do trabalho, estudam na filial do Instituto de Construção de Máquinas. Cursos noturnos, que dão certificados de engenheiros. Escola da Juventude Operária: dois turnos. Biblioteca: 51.000 volumes. 50% dos operários são mulheres. Descanso, 2, 3, 4 semanas por ano; os que trabalham nas seções de mais calor têm direito a um mês. O ano passado a usina forneceu gratuitamente a operários que têm fortes encargos de família 2.000 talões para sanatórios e casas de repouso. 2.200 filhos de operários frequentam escolas do bairro; 1.000 estão em creches e jardins de infância da usina; 300 estão em escolas técnicas. Salário: 1.800 rublos a operários qualificados; mínimo, 700 rublos. Policlínica, posto médico, casa de cultura, círculos de teatro, dança, música, cultura física, esportes (mais de 3.000 operários). Técnicos de ensino médio: duas seções: teoria e prática; curso noturno. Os estudantes podem dedicar-se exclusivamente ao estudo; os trabalhadores, depois do trabalho, estudam numa filial do Instituto de Construção de Máquinas (curso noturno, que dá certificado de engenheiro). Escola para a juventude operária: dois turnos, dia e noite. Salário em conformidade com a produção. Produção média: 180%; máxima: 300%. Campo de pioneiros perto de Moscou. Contrato de trabalho entre operários e a usina. Aluguel de casa: 3 a 5% do salário. Diretor: Vitali Daviatov. Laboratório: pode medir-se a centésima parte de um mícron. Fornos. Instrumentos. De uma calha saem círculos de ferro candente. O operário da tenaz. A plataforma voadora. O torneiro que sorria. O dominó: 5 homens. Mulheres. Máquinas que trabalham sós. Calor. Exposição de pintura dos operários. Creches, jardim de infância. 50 crianças adormecidas no jardim de infância. Aviários, aquários, álbuns com frutos e flores, bonecas, casas e mobílias de bonecas, quadros com bichinhos, gravuras, lavatórios baixos, carrinhos de bebês, tartarugas.

Viagem a Leningrado. Estrada plana, vegetação pequena de pântanos. Frio. Bétulas e pinheiros. Neve. Kolkhozes. Camponeses vermelhos com botas. Pilhas de madeira. Composições enormes. Chegada a Leningrado ao meio-dia. Hospedagem no hotel Astória, onde Hitler pretendia instalar os alemães vencedores. Os cinzeiros imensos. O vaso sustentado por sátiros. O hall. O restaurante. A cidade: prédios de 3 a 6 andares. O vento do norte. Dia às dez horas da noite. As noites brancas. As estátuas. O Neva. O palácio de inverno. A fortaleza Pedro e Paulo. O cruzador *Aurora*. Smolni.

Dia 19 — Visita ao palácio de cultura dos operários. Presidente: Kamchugov, operário da usina Kirov, hoje engenheiro. Não lhe pergunto se é operário, pergunto onde trabalhou. Construção: 1933, na região mais industrial de Leningrado, à custa do governo: 36.000.000 de rublos. O trabalho de cultura é pago pelos sindicatos: 16.000.000 de rublos anuais. Teatro: 1.500 cadeiras; cinema: 700 cadeiras. Sala de bailes: 2.500 pessoas. Três salas de leitura, três salas de aula. Vários gabinetes para o estudo das obras marxistas. 300 salas, 30 mil metros quadrados. Seis ou sete mil pessoas visitam diariamente o palácio. De janeiro a março: 716.000 visitantes. Domingos e dias de festa: 15 a 17 mil pessoas por dia. Durante uma festa: 13.000 pessoas ao mesmo tempo. Na sala das colunas de mármore 2.500 pessoas aprendiam uma canção nova. Sexta-feira dia dos estudantes. A última sexta-feira dedicada ao cinema. Exposição de máquinas cinematográficas. Todos os problemas atuais são aqui discutidos: técnica, teorias científicas, literatura nacional e estrangeira. Uma noite dedicada a escritores estrangeiros. Jorge Amado, luta no Brasil. Interesse pelo Brasil. Oito departamentos. Os melhores espetáculos, os melhores artistas de teatro. Espetáculos pagos; muito mais baratos que nos outros teatros: a diferença é paga pelos sindicatos. Biblioteca: 145.000 volumes. 10.500 leitores inscritos para empréstimos. Biblioteca Infantil: 32.000 volumes; 4.500 leitores inscritos. Operários que leem por ano 120, 150, às vezes 200 volumes. Média: 40 volumes por ano. Dezoito círculos de amadores. 26 de maio, *Fausto*, de Gounod. Ocupa 1.706 pessoas. Operários, estudantes, professores, funcionários, engenheiros, com o mesmo entusiasmo. O ensaio da ópera, a queda do professor de biologia, repetida vinte vezes. Três espetáculos novos: *Cadáver vivo*, de Tolstoi; *Trinta dinheiros*, de Howard Fast; *Dois capitães*, de Kaverin (contemporâneo). O corpo de ballet participa em representações de todos os teatros. Um ballet novo em preparação: *Tarass Bulba*. No setor infantil: 2.500 alunos. Esportes: 24 competições esportivas este ano. 36 equipes de futebol infantil. Salão de leitura. Biblioteca. Fichários. Sala de leitura para especialistas. Numa seção, vários livros sobre a América Latina, especialmente o Brasil. Ensaio do *Fausto*. Wagner, operário metalúrgico, 43 anos de trabalho. "Qual é a profissão de Mefistófeles?" Engenheiro. Há dois Mefistófeles, ambos engenheiros. Fausto, estudante da universidade. Duas Margaridas: uma funcionária, outra bibliotecária. Valentino, 62 anos, artilheiro reformado. Ensaio, teatro: coordenação do movimento com a palavra. Pintura. Modelo. Ira Poliakowa trabalha no laboratório da Academia de Ciências. Coro de canções populares, duas concertinas. Treze cantoras operárias. Sala de música, piano de cauda, música clássica. A pianista é funcionária. Estrela no piano. Fotografias de óperas. Cinema. Adeus. A despedida de Kamchugov: "Mande-nos o seu livro."

Visita ao Museu Russo, século XI, estabelecido no palácio do príncipe Miguel, da família Romanov. Pintura, escultura, arte popular, religiosa. Arte primitiva da Rússia, esculturas dos séculos XII, XIII e XIV, ícones. Novgorod, séculos XIV e XV. Séculos XV e XVI, santos de Andre Rublov vendidos como lenha aos camponeses. Pinturas do século XVIII, trazidas para aqui por Pedro o Grande. Tapeçarias do século XVIII. Retratos do século XVIII. Cabeça de Pedro o Grande. Sete retratos trazidos do Instituto Smolni. Sala das Colunas Brancas, reconstruída. Pintura heroica e pintura religiosa. Israelitas, a serpente de bronze, Moisés. A nuvem de serpentes. *Últimos dias de pompeia*, 1833, Brullov. Arte referente a camponeses, depois de 1812. Segunda metade do século XIX, realista, a serviço do povo; importância artística e social, censura. Orgia: padres bêbedos. 1870-1880, realistas. *Barqueiros do Volga*, Repin (estudos locais), 1873. *Cossacos*, carta ao sultão, Repin. Começos da pintura soviética: *Derrota de Denikin* (1926). *A criança morta*.

Dia 20 — Visita ao museu Ermitage. Arte antiga de colônias gregas. O vaso de 2.500 anos a.C., um erro com certeza. Correção: 2.000 mais novo. Um par de brincos examinado com lente: em dois centímetros de diâmetro um bosque, duas figuras aladas, uma carruagem, uma rainha, quatro guerreiros armados, coisas invisíveis a olho nu. Como foi possível fazer isso numa época em que não existia o vidro? Armas antigas, espadas com bainhas de ouro. 27 quadros de Rembrandt, 5 prováveis, considerados autênticos por críticos americanos, franceses, ingleses, julgados duvidosos pelos russos. Uns dois milheiros de desenhos nas vitrinas. Dois quadros autênticos de Da Vinci; os outros foram provavelmente obras de discípulos. Quatro horas a ouvir um guia erudito. Várias aulas: grupos de rapazes, moças e crianças diante dos quadros, atentos a professores.

Cabana onde Lênin, escondido de julho a agosto de 1917, escreveu *O Estado e a Revolução*, preparou o movimento de outubro.

Volta a Moscou.

Dia 23 — Fábrica de pão Khrustchev, fábrica nº 5. Como esta há mais de 23 em Moscou. Início: 1931. Produção diária: 250 toneladas de pão. Operárias na maioria. Creches, jardins de infância. Refeitório, ambulatório, serviço médico noturno e diurno, dentista. Pessoal: 680 funcionários e operários. Três turnos de oito horas. 380 operários; 15% de homens, nos trabalhos mais pesados. O diretor, Alexei Storonkin, é padeiro desde 1904, quando não trabalhavam mulheres no serviço pesado. Agora tudo é automático. Uma vez por mês os operários se submetem a exame médico. Os doentes são afastados. Descanso: um mês por ano. Nas casas de repouso e sanatórios, 15, 20, no máximo 30% da paga; o sindicato da alimentação paga a diferença. Salário integral nas doenças e no repouso. Ministério da Alimentação. Tanques de fermentação, 14; duas pessoas trabalham nesta seção. Cilindros com açúcar, água e sal. Noutra sala: bacias de farinha, tigelas; amostras de pão, análises. Nesse laboratório: 3 pessoas, em 3 turnos. Noutra sala do laboratório: análises químicas, gabinete do chefe do laboratório. Noutro andar: em tanques, a farinha se mistura ao fermento, água, açúcar, sal, em tubos. Rodas, polias. Os tanques giram, um se despeja numa caixa. Rotação e translação. Em cada turno, seis pessoas. Noutro andar: os pães giram em esteiras, descem a uma plataforma circular, móvel, que os leva aos fornos, móveis também. Máquinas, rodas, polias, confusão. 18 pessoas em cada turno. Noutro andar: tabuleiros em montes. Os pães descem em calhas, em rodas giratórias. Tabuleiros cheios, carros com tabuleiros. Caminhões com prateleiras. Refeitório: sete mesas.

Entrevista coletiva à imprensa, na Voks. Discurso do vice-presidente. Resposta de Sinval, que apresenta os membros da delegação, lê uma declaração dela. Perguntas de representantes de jornais: *Mulher Soviética, Direito Soviético, Isvestia, Agência Tass, Jornal dos Mestres-Escolas, Música Soviética.* — Impressões da delegação sobre o Primeiro de Maio, movimento da paz no Brasil, visita a uma corte de justiça, impressões da Geórgia. Cultura da música no Brasil (Estrela).

Dia 24 — Almoço de despedida, no hotel Savoy. O vice-presidente da Voks fala italiano. A distribuição dos lugares. Polevoi. Amabilidade que chega ao absurdo e à mentira. A sra. Nikolskaya nos interrompe quando precisamos dela. Meia dúzia de palavras num italiano capenga. A personagem que faltou. Um convite que não pôde ser feito. A oferta de livros. "Tenciono ler os seus em russo. Quais os que devem ser traduzidos?" Os brindes.

Polevoi me obriga a falar. "Não somos de briga. O nosso trabalho exige paz." O vice-presidente quase me censura; o presidente me dá razão: a arma do escritor é o lápis.

Dia 25 — Passeio e compras. Ganhamos no rádio e no jornal dinheiro que não pode ir para o estrangeiro. Os armazéns repletos, portas obstruídas, balcões onde com dificuldade arranjamos lugar. Os objetos necessários são baratos; os dispensáveis são caros. Lojas de perfumes, de pratarias, cheias. Nos grandes armazéns não podemos entrar e sair pela mesma porta: entramos e saímos a espremer-nos. Difícil obter uma caneta-tinteiro de Leningrado. Proibido fumar nas casas de comestíveis. Impossível distinguir os funcionários dos operários. A moça da Rua Petrowka. "Desejo ao senhor saúde e felicidade."

Viagem de regresso. Volia, Kaluguin, a sra. Nikolskaya e Ferreira despedem-se à meia-noite. Tchugunov nos leva ao aeroporto. A fiscalização da bagagem. Os três rublos: necessário metê-los no bolso. Apresentação a Ehrenburg. O avião, que devia partir às duas horas, parte às seis. Ehrenburg nos convida ao restaurante. Conversa brilhante. Tenho a impressão de que o romancista é um ator e representa para si mesmo. A heroína das beterrabas. Os Tartarin de Tarascon da URSS. Alexandre Korneitchuk; endereço: Artema, 44, Kiew. Meia dúzia de palavras em francês e em inglês. Romance, teatro, poesia. Cabeça e coração; borboletas. Uma garrafa de conhaque. Palestra longa, quase toda em gestos. Caça, pesca, corrida de cavalos. As conferências de Korneitchuk. "Wanda, conferência."

A primeira edição deste livro foi impressa nas oficinas da
DISTRIBUIDORA RECORD DE SERVIÇOS DE IMPRENSA S.A.
Rua Argentina, 171, Rio de Janeiro, RJ
para a EDITORA JOSÉ OLYMPIO LTDA. em janeiro de 2022.

★

90º aniversário desta Casa de livros, fundada em 29.11.1931.